**감성 세일즈**

고객에 팔아야 할 7가지 **감성세일즈**

초판2쇄 인쇄 | 2018년 4월 20일

지은이 | 이성동
펴낸이 | 김진성
펴낸곳 | 호이테북스

기획 | 김혜성
편집 | 신용진
디자인 | 장재승
관리 | 정보해

출판등록 | 2005년 2월21일 제2016-000006호
주소 | 경기도 수원시 장안구 팔달로237번길 37, 303호(영화동)
전화 | 02-323-4421
팩스 | 02-323-7753
Homepage | www.heute.co.kr
E-mail | kjs9653@hotmail.com

ⓒ 이성동, 2011
값 13,000원
ISBN 978-89-93132-19-9 13320

* 잘못된 책은 서점에서 바꾸어 드립니다.
* 이 책은 저작권법의 보호를 받는 저작물이므로 무단전재와 복제를 금합니다.
  본문 내용을 사용하실 경우 출판사의 허락을 받으시기 바랍니다.

고객에 팔아야 할 7가지

# 감성 세일즈

|이성동 지음|

## CONTENTS

들어가며 | 감성 세일즈는 영업달인으로 가는 지름길! ... 8

### 01 감성의 시대, 감성을 팔아라

01. 열심히 노력한다고 잘 팔 수 있을까? ... 13
02. 고객이 사는 것 7가지 ... 19
03. 왜 감성 세일즈인가? ... 22
    1_ 감성 세일즈를 해야 하는 5가지 이유 ... 22
    2_ 감성 세일즈의 6가지 효과 ... 29

### 02 고객에게 팔아야 할 첫 번째: 호감

01 미인무죄와 호감의 법칙 ... 35
02 비언어적 요소를 통해 호감을 얻는 방법 ... 39
    1_ 백화점이 판매직원의 점을 빼주는 사연 ... 40
    2_ 영업인은 왜 손이 따뜻해야 할까? ... 42
    3_ 튀는 옷차림은 영업인에게 득일까, 해일까? ... 44
    4_ 잘 웃으면 정말 잘 팔 수 있을까? ... 48
    5_ 300억 사나이의 비결 ... 53
03 대화를 통해 호감을 얻는 방법 ... 57
    1_ 현대판 카사노바의 비결 ... 57
    2_ 고객에 호감을 주는 대화의 기술 10가지 ... 60
    3_ 억대 연봉 텔레마케터의 비밀 ... 62
    4_ 왜 칭찬과 아부의 달인이 돼야 하는가? ... 64
    5_ 고객 성향별 맞춤형 대화를 하라 ... 70
    6_ 고객이 맞장구치도록 만들어라 ... 73
    7_ 유머 세일즈의 달인이 되는 5가지 방법 ... 75

### 03 고객에게 팔아야 할 두 번째: 열정

01 왜 열정을 팔아야 하는가?　…83
02 열정이 차이 나는 2가지 이유　…89
03 열정이 넘치는 영업인이 되기 위한 4가지 방법　…93
　1_ 긍정의 DNA를 이식하라　…93
　2_ 매사에 최선을 다하라　…95
　3_ 자부심을 가져라　…97
　4_ 고객을 위해 헌신하라　…99

### 04 고객에게 팔아야 할 세 번째: 신뢰

01 고객에게 신뢰를 받지 못하는 3가지 이유　…103
02 고객의 신뢰를 얻기 위한 3가지 방법　…106
　1_ 고객과의 약속은 철저하게 지켜라　…106
　2_ 최고 전문가로 인정받아라　…110
　3_ 고객과 고객의 수익을 최우선으로 하라　…111

**05** 고객에게 팔아야 할 네 번째: 가치

　01 고객에 팔아야 할 3가지 가치　…117
　02 상품의 본원적 가치를 팔기 위한 감성 세일즈 기술　…120
　　　1_ ADV 감성 설득 프로세스　…120
　　　2_ 고객 유형별 감성 설득의 기술　…125
　03 자긍심을 팔아라　…129
　　　1_ 은행 대신 새마을금고를 가는 고객의 심리　…129
　　　2_ 자긍심을 파는 3가지 방법　…131
　04 자아실현의 가치를 팔아라　…139
　　　1_ 혼자서 유럽으로 여행을 떠나고 싶은 고객의 심리　…139
　　　2_ 자아실현의 가치를 파는 2가지 방법　…143

**06** 고객에게 팔아야 할 다섯 번째: 솔루션

　01 왜 고객·가망고객에게 솔루션을 팔아야 하는가?　…153
　　　1_ 긴자 무료카페의 비밀　…157
　　　2_ 영업달인은 첫 만남에서 절대 프로포즈하지 않는다　…161
　02 고객·가망고객을 빚진 상태로 만드는 4가지 방법　…165
　　　1_ 세미나 및 연구회를 개최하라　…166
　　　2_ 지속적으로 정보를 제공하라　…172
　　　3_ 해결사·도우미·집사가 돼라　…175
　　　4_ 체험 기회를 제공하라　…179

## 07 고객에게 팔아야 할 여섯 번째: 특별한 경험

01 왜 특별한 경험을 팔아야 하는가? ... 187
02 고객에게 특별한 경험을 파는 4가지 방법 ... 191
    1_ 이벤트로 즐거움, 감동, 추억, 향수, 호기심을 자극하라 ... 192
    2_ 선물할 때 4가지를 고려하라 ... 199
    3_ 경조사도 항상 고객의 기대를 뛰어넘어라 ... 204
    4_ 불만고객도 알파고객으로 만들어라 ... 207

## 08 고객에게 팔아야 할 일곱 번째: 스토리

01 왜 고객에게 스토리를 팔아야 하는가? ... 215
02 고객에게 팔아야 할 3가지 스토리 ... 219
    1_ 최고 전문가라는 명성 ... 219
    2_ 두번째 이름, 닉네임 ... 223
    3_ 퍼스널 브랜드 파워 ... 230

## 09 네 안에 감성 세일즈 DNA를 이식시켜라

01 이식시켜야 할 감성 세일즈 DNA 7가지 ... 235
02 감성 세일즈 DNA를 이식시키는 방법과 활용법 ... 237
    1_ 감성 세일즈 DNA를 측정하라 ... 237
    2_ 감성 세일즈 DNA 측정 결과가 주는 시사점과 활용법 ... 238
03 이식시켜야 할 가장 중요한 감성 세일즈 DNA ... 244

들어가며
Prologue

# 감성 세일즈는 영업달인으로 가는 지름길!

많은 이들이 세일즈를 '고객의 마음을 얻는 것 또는 고객의 마음을 사로잡는 것'이라고 말하곤 한다. 이에 대해서는 탁월한 성과를 올리고 있는 판매왕이건 막 세일즈에 입문한 신입 영업인이건 이의를 제기하지 않을 것이다.

그렇다면 정작 고객의 마음을 얻거나 사로잡으려면 무엇을 어떻게 해야 할까? 어떤 이들은 정직과 성실, 열정을 머릿속에 떠올릴 것이다. 그래야 고객에게 신뢰를 주지 않느냐며 말이다. 또 어떤 이들은 즐거움과 감동 등을 떠올릴 수도 있을 것이다.

하지만 어쨌든 세일즈는 고객의 마음을 얻거나 사로잡는 것이다. 따라서 세일즈를 잘하기 위해서는 이에 대한 자세와 접근 방법, 그리고 스킬 등을 익혀야 하고 가르쳐야 한다. 하지만 기업들의 영업인력 양성 프로그램은 어떠한가?

그렇지 않은 경우가 거의 대부분이다. 혹 있다 하더라도 그 내용이 "정직하고 성실하게 고객을 대하라", "고객을 감동시켜라", "유머 감각을 갖춘 영업인이 돼라" 등과 같이 구호에 그치는 경우가 대부분이고, 단편적인 경우가 많다.

이렇다 보니 대부분의 영업인들이 고객의 마음을 사로잡는 방법보다는 상품의 본원적 가치나 설득과 협상의 기술에 더 많은 시간과 노력을 쏟고 있는 현실이다. 그렇다면 도대체 왜 이런 현상이 나타나는 것일까?

그 이유는 현존하는 대부분의 세일즈 방법들이 고객의 수요가 폭발하던 시절, 자사 상품의 본원적 가치를 어떻게 하면 고객에게 잘 설명할 것인가를 중심으로 개발되었기 때문이다.

그러나 지금은 거의 모든 업종에서 수요보다는 공급이 훨씬 많아져 경쟁이 치열해졌다. 게다가 이보다 더 심각한 것은 상품 차별화가 어려운 업종과 기업이 갈수록 증가하고 있다는 것이다.

그렇다고 해서 화법이나 상담, 프리젠테이션, 협상 등과 같은 전통적인 세일즈 기술이 이제 필요 없다는 것은 물론 아니다. 하지만 세일즈 환경이 이렇게 변했다면 영업인들의 세일즈 어프로치와 방법론도 진화해야 한다.

필자는 이 책에서 다양한 업종, 수많은 영업달인들의 실전 사례를 바탕으로 고객의 마음을 사로잡기 위한 체계적이고 실천적인 새로운 세일즈 방법론을 제시하려 한다.

현장에서 고민하고 있는 영업인들에게 이 책이 조금이나마 도움을 주고 실제로 활용하는데 참고가 된다면 필자로서는 더 이상 바랄 것이 없을 것이다.

이성동

# 01_
# 감성의 시대, 감성을 팔아라

E  M  O  T  I  O  N  A  L
S        A        L        E        S

01 열심히 노력한다고 잘 팔 수 있을까?
02 고객이 사는 것 7가지
03 왜 감성 세일즈인가?
  1_ 감성 세일즈를 해야 하는 5가지 이유
  2_ 감성 세일즈의 6가지 효과

# 열심히 노력한다고
# 잘 팔 수 있을까?

이 세상 모든 사람은 잘 팔아야 한다. 팔지 못하면 생존할 수 없기 때문이다. 그래서 모두가 잘 팔기 위해 교육이나 코칭을 받고 책을 읽거나 아이디어를 개발한다. 하지만 이런 노력에도 불구하고 결과는 대부분 비슷하다.

그렇다면 왜 이런 결과가 나타나는 것일까? 개인의 능력 차이 때문일까? 물론 그럴 수도 있다. 고객을 설득해서 그들의 마음을 여는 능력에는 개개인의 차이가 있기 때문이다.

그렇다면 잘 팔기 위해서는 무엇을 어떻게 해야 할까? 우선 고객의 마음을 얻어야 한다. 그런데 여기서 당신이 주목해야 할 점이 있다. 아직까지도 고객의 마음을 사로잡는 것보다 그들의 지갑을 열기 위한 기술을 가르치는 기업들이 많다는 것이다. 이런 기업들은 대개 자사 상품의 본원적 가치를 얼마나 잘 프레젠테이션 할 것인지, 제안서를 어떻게 하면 잘 만들 것인지, 고객의 반론을 어떻게 극복할 것인지, 세일즈 협상을 어떻게 잘 마무리 할 것인지에 관한 방법과 기술을 가르친다.

그리고 그와 더불어 구매욕구를 가진 가망고객의 발굴부터 접근 기술, 불만고객 응대 기술, 고객과 친밀한 관계를 맺는 기술, 목표관리와 시간관리에 대한 기술 등도 가르친다. 사실 이 정도면 세일즈 전사를 양성하기 위한 완벽한 교육훈련 프로그램이라고 할 수 있다.

그런데 문제는 이런 노력에도 불구하고 일당백의 세일즈 전사가 양성되지 않는다는 데 있다. 그렇다면 왜 이런 현상이 일어나는 것일까? 배운 대로 실천하지 않는 이들이 많아서일까? 맞는 말이다. 교육이나 코칭을 받을 때만 고개를 끄덕일 뿐 정작 현장에서는 제대로 실행하지 않는 '작심삼일作心三日형' 영업인은 어느 기업에나 많은 편이다.

게다가 "그건 보험이나 자동차, 정수기 같은 방문판매 방식에나 유용하지, 나처럼 B2B 영업을 하는 경우에는 맞지 않습니다, 또 대리점 영업이나 점두영업과도 맞지 않고요"라고 말하는 '나와 달라서형' 영업인도 많은 편이다. 그 외에도 해설자나 평론가처럼 말로는 그럴듯하지만 실행을 하지 않는 '청산유수靑山流水형' 영업인도 있다.

그렇다면 이런 유형의 영업인들에게 세일즈 역량을 강화시키려면 어떻게 해야 할까? 우선 이들에게 실행을 하도록 동기를 부여하는 것이 중요하다. 하지만 이보다 더 시급한 유형의 영업인들이 있다. 필자가 '열심히 노력한다고형'의 영업인이라 칭하는 사람들, 즉 열심히 노력하는 데도 세일즈 성과가 변변치 못한 영업인들이 그들이다.

그렇다면 이들은 과연 무엇이 문제일까? 세일즈 재능이 없는 것일까? 물론 그런 이들도 있다. 내성적이고 소극적이며 사교적이지 못한 데다 말투조차 어눌한 영업인들이 여기에 포함될 수 있을 것이다. 하지만 그런 영업인들 중에도 아주 탁월한 세일즈 성과를 올리는 사람도 있다.

그렇다면 도대체 잘 파는 사람들의 비결은 무엇일까? 이제부터 이런 상황에서 잘 파는 영업인과 그렇지 못한 영업인은 무엇이 다른지 한 번 알아보자. 먼저 열심히 노력하는데도 잘 팔지 못하는 영업인들이다. 그들은 대체로 상품의 품질·기능·디자인·안전함 등 본원적 가치를 파는 기술이 부족하다.

그런데 상품의 본원적 가치를 파는 기술이 뛰어나도 정작 성과가 별로인 영업인들이 있다. 그렇다면 과연 그들의 문제는 무엇일까? 고객과의 약속을 잘 지키지 않아서일까? 고객의 이익보다 회사와 자신의 이익을 먼저 생각하는 마인드 때문일까? 모두 일리 있는 말이다. 하지만 그보다 더 중요한 것은 상품의 본원적 가치를 잘 파는 기술만으로는 세일즈 성과를 올리는 데 한계가 있다는 것이다.

최근 들어 IT, 제약 등 최첨단 기술을 필요로 하는 일부 업종을 제외한 대부분의 업종에서 상품의 본원적 가치에 대한 차별화 효과가 점점 사라지는 추세다. 물론 자신이 파는 상품이 본원적 가치나 가격 등에서 확실하게 경쟁상품에 비해 비교우위를 가지고 있다면 그다지 문제가 되지 않을 수도 있다.

그러나 문제는 상품의 본원적 가치나 거래조건에 별 차이가 없거나 오히려 경쟁상품에 비해 떨어지는 상품을 팔아야 하는 영업인이 더 많다는 것이다. 비교우위를 가지고 있는데도 잘 팔기 어려운데 하물며 이들은 어떻겠는가.

그런데 이와 정반대로 경쟁사에 비해 본원적 가치와 거래조건 등이 좋고 나름대로 열심히 노력하는데도 세일즈 성과가 별로인 영업인들도 많다. 그렇다면 이들은 왜 잘 팔지 못하는 것일까?

여기에는 근원적인 문제점이 존재한다. 지금까지 세일즈 역량 강화를 위한 핵심 이슈들이 '어떻게 해야 고객의 구매심리를 잘 파악할 것인가?', '상품의 본원적 가치를 어떻게 잘 설명할 것인가?'와 같이 주로 이성적이고 논리적인 측면에 초점이 맞춰져 있었던 것이 그 주된 원인이다.

또한 그와 더불어 세일즈 관련 서적들도 대개 이런 관점에서 고객의 지갑을 열기 위한 기술들을 다루고 있었다. 이런 환경에서 보고 듣고 배운 영업인들은 당연히 이성적이고 논리적인 타당성으로 고객의 지갑을 여는 것만 고민할 수밖에 없었다.

그리고 이런 현상이 지난 수십 년 동안 영업인의 역량 강화를 위한 주류 방법론으로 자리를 잡다 보니 고객의 마음을 사로잡는 기술이 발전하지 못한 것은 당연하다. 그렇다면 판매왕이나 영업달인들도 과연 그랬을까?

오히려 그들은 고객의 지갑 대신 고객의 마음을 여는 기술을 스스로 익히고 실천했다. 그리고 이를 통해 높은 성과를 일구었다. 앞으로 이 책에서 소개할 감성 세일즈의 달인들이 바로 그 방법들을 하나하나 몸소 증명해 줄 것이다.

고객의 구매심리를 연구하는 심리학자들은 고객이 이성적이고 논리적인 판단만으로 구매를 하는 것이 아니라고 말한다. 그들은 고객들이 실제로 구매하는 단계에서는 오히려 감성의 지배를 더 많이 받는다고 말한다.

그렇다면 그 말이 정말 사실일까? 우선, 현대자동차가 2008년 미국발 금융위기 이후 미국에서 선보인 '실직자 보장 프로그램'을 한 번 보도록 하자.

### 자동차를 산 뒤 1년 내에 직장을 잃으면 반납 가능

2009년에 현대자동차 미국 판매법인(HMA)은 세계적 경기침체를 감안한 '실직자 보장 프로그램'이란 마케팅을 실시해 톡톡히 재미를 봤다. 이 프로그램은 차를 산 뒤 1년 내에 직장을 잃으면 반납이 가능한 데다, 차량의 잔존가치(중고차 값)와 할부 잔여금액의 차액 중 7,500달러까지 보장해 준다. 반면 일본의 토요타와 혼다 등 경쟁업체들은 무이자 할부까지 내놨지만, 고객의 마음을 별로 끌지 못했다.

이에 따라 토요타와 혼다는 2009년 1월 판매량이 2008년 같은 기간보다 각각 32%, 25%씩 급감했고 GM과 포드도 49%, 40%씩 추락했다. 하지만 현대자동차는 실직의 공포를 역이용한 독특한 마케팅으로 눈길을 끌어 판매가 오히려 14% 증가했다. 미국인들이 실직의 두려움으로 자동차 구매를 꺼린다는 점을 간파해 이를 마케팅에 활용한 것이 성공요인이었다.

그리고 뒤이어서 현대자동차 미국 판매법인은 '플러스 프로그램'도 내놨다. 이 프로그램은 실직으로 할부금을 내지 못할 처지가 됐을 때 최대 3개월까지 대신 내주는 프로그램으로, 만약 3개월간 대납을 받은 후 차를 반납하면 대납금을 뺀 나머지만 보장받는 프로그램이었다. 예를 들어, 월 할부금이 1,000달러라고 가정했을 때 석 달간 3,000달러를 대납받고 그 후 차를 반납하면 차값 7,500달러에서 차액을 뺀 4,500달러만 보장하는 것이다. 이 프로그램은 2009년 4월말까지 한시적으로 시행했다.

위의 사례에서 보듯 현대자동차는 품질·성능·디자인·안전성 등이 획기적으로 좋아지거나 영업인들의 세일즈 기술이 갑자기 향상되지 않았는 데도 쟁쟁한 경쟁자들에 비해 탁월한 판매 증가율을 기록했다. 그 이유는 오직 하나, 고객의 지갑이 아니라 마음을 열기 위해 노력했기 때문이었다. 당시 고객의 지갑을 열기 위해 토요타와 혼다의 무이자 할부 프로그램에 맞서 '실직의 고통을 함께 하겠다는 동반자 정신'을 내세운 현대자동차의 감성 마케팅 프로그램이 완승을 한 것이다.

이처럼 고객의 감성을 자극하는 마케팅은 대단히 위력적이다. 위의 사례를 보고 '감성 마케팅은 그저 기업 차원에서나 할 수 있는 것 아닌가?'라고 생각하는 사람도 있을 것이다. 하지만 영업달인들의 공통점 중 하나가 이처럼 고객의 마음을 여는 감성 세일즈에 뛰어났음을 당신은 이 책 곳곳에서 접하게 될 것이다.

# 고객이 사는 것 7가지

　그렇다면 왜 이런 감성 마케팅, 감성 세일즈가 고객에게 잘 통하는 것일까? 앞서 말한 대로 고객의 구매심리가 논리적 타당성이나 이성적 요소보다는 감성적 요소에 더 큰 영향을 받는 데서 그 원인을 찾을 수 있다. 미국 프린스턴 대학의 한 연구소가 실험한 바에 따르면, 시종일관 웃음을 지으면서 판매를 했던 팀은 목표의 3~10배, 무표정한 표정으로 판매를 했던 팀은 목표의 10~30%, 인상을 쓰면서 판매를 했던 팀은 하나도 팔지 못했다고 한다.

　또한 티드와 록카드라는 심리학자에 따르면, 레스토랑에서 환한 미소로 서빙을 했던 종업원들이 다른 종업원들에 비해 3배나 많은 팁을 받았다고 한다. 그리고 게겐과 피셔 로쿠라는 심리학자는 여성 또는 남성 히치하이커가 미소를 지었을 때와 미소를 전혀 짓지 않았을 때를 비교해 보니, 차를 태워주는 비율이 각각 14%와 8.3%로 거의 두 배나 차이를 보였다고 한다.

이런 결과들은 영업인들이 고객들에게 가장 먼저 팔아야 할 것이 상품의 본원적 가치가 아니라 바로 미소와 웃음, 분위기란 것을 알 수 있게 한다. 오죽했으면 "고객을 웃게 만든다면, 사게 할 수 있다"거나 "여성 고객은 분위기를 산다"라는 말이 영업인들 사이에 불문율이 되었겠는가. 물론 고객이 단지 미소와 웃음, 분위기만으로 구매를 하는 것은 아니다. 여기에는 시각, 촉각, 미각, 후각 등 오감을 자각하는 모든 것들이 포함된다.

아직도 고객들이 상품이나 서비스를 구매한다고 생각하는가? 그것은 너무나 당연하다. 결과론적으로 보면 고객은 상품과 서비스를 구매하기 때문이다. 하지만 그들의 마음을 들여다 보면 상품 때문에 구매를 한 것이 아니라, 그밖의 다른 여러 요인 때문에 구매를 했음을 알게 된다.

그렇다면 고객들은 도대체 마음속에서 무엇을 사는 것일까? 희망, 행복을 사는 것일까? 물론 그런 것들도 산다. 이를 분석하여 정리하면, 고객은 다음과 같은 7가지를 구매한다.

■ **고객이 사는 것 7가지**

01. 호감
02. 열정
03. 신뢰
04. 가치

05. 솔루션

06. 특별한 경험

07. 스토리

아마 고객이 호감과 열정, 신뢰, 가치를 산다는 것에는 많은 사람이 공감을 할 것이다. '미소와 웃음은 어디로 사라져 버렸지?', '희망과 행복도 포함돼야 하는 것 아닌가?'라고 생각하는 사람도 있을 것이다. 물론 맞는 말이다. 그런데 이것들은 앞으로 설명할 고객이 사는 것 7가지에 이미 포함되어 있다. 앞으로 필자는 이것들에 대해 차근차근 소개를 할 것이다.

어쨌든 고객은 이와 같은 7가지를 산다. 7가지 모두를 사기도 하고, 그중에서 한두 가지나 서너 가지를 사기도 한다. 그런데 여기서 반드시 기억해야 할 것이 있다. 그것은 바로 이 7가지가 이성적, 논리적 타당성과는 대부분 거리가 멀다는 사실이다. 고객의 구매 심리를 읽지 않고 상품의 본원적 가치만으로 승부하려는 기업이나 영업인은 경쟁자들에 비해 뒤쳐질 수밖에 없다.

여기서 고객이 사는 것 7가지는 달리 말하면 고객에 팔아야 할 7가지가 된다. 따라서 당신은 이제부터 이 책에서 제시하는 고객이 사는 것 7가지를 어떻게 하면 잘 팔 수 있을지 검토하고 연구할 필요가 있다.

자, 그럼 이제부터 고객의 마음을 여는 키, 즉 감성 세일즈에 대해 본격적으로 알아보자.

## 왜 감성 세일즈인가?

### 1_ 감성 세일즈를 해야 하는 5가지 이유

그렇다면 감성 세일즈란 도대체 무엇을 말하는 것일까? 즐거움이나 감동을 주는 세일즈를 말하는 것일까? 유머 세일즈나 펀 세일즈를 말하는 것일까? 오감을 만족시키는 세일즈를 말하는 것일까? 아니면 이야기를 팔아야 된다는 의미의 스토리셀링을 말하는 것일까? 모두 맞는 말이다. 감성 세일즈는 위에서 언급한 모든 것을 포함하는 개념이다.

이런 관점에서 감성 세일즈를 정의하면 다음과 같이 정의할 수 있다. '상품의 특성이나 편익, 가격이나 거래조건의 유리함 등 상품의 본원적 속성과 가치를 논리적이고 이성적으로 설득하는 것이 아니라 호감과 신뢰, 열정, 즐거움, 행복, 감동 등과 같은 감성적 속성을 제공해 신규고객을 창출하고 기존고객과 보다 더 친밀한 관계를 만드는 세일즈 어프로치'라고 말이다. 즉 고객의 지갑이 아니라 마음을 열기 위한 가망고객 발굴 및 접근, 상담, 설득을 비롯해 기존고객과의 관계를 강화하기 위한 모든 세일즈 어프로치를 감성 세일즈라고 할 수 있다.

앞서 필자는 고객이 구매를 할 때, 이성적·논리적 타당성만을 기준으로 하는 것이 아니라고 말했다. 물론 고객이 상품이나 서비스를 선택하는 과정에서 이성적·논리적 타당성을 전혀 고려하지 않는 것은 아니다. 정보를 수집하고 분석하는 단계에서는 오히려 철저하게 이성적·논리적 타당성을 기준으로 한다.

하지만 가장 중요한 구매결정 단계에서는 오히려 감성의 지배를 받는 고객들이 많다. 한 연구 조사에 의하면, 불과 5%의 고객 정도가 이성적·논리적 타당성을 기준으로 상품을 구매한다고 한다. 그렇다면 감성 세일즈가 왜 필요한 것일까. 거기에는 다음과 같은 5가지 이유가 있다.

첫 번째 이유는 상품의 본원적 속성이 차별성을 가지지 못하기 때문이다. 물론 아이폰과 같은 스마트폰이나 반도체, 제약 등과 같은 일부 업종에서는 아직도 상품의 본원적 속성이 주는 가치 자체가 고객의 선택을 받는 가장 중요한 요소가 되고 있다. 그러나 식품, 생활용품, 패션, 의류, 주류뿐 아니라 유통업, 금융업, 의료 및 관광, 서비스 산업 등을 비롯한 거의 모든 산업에서 상품의 본원적 속성이 주는 가치는 차별화가 점점 어려워지고 있다.

이들 업종에 속한 영업인들은 자사 상품의 본원적 속성이 뛰어나다고 입에 침이 마르게 말하지만, 당신이 보듯 대부분의 고객들은 반응이 시큰둥하다. 그렇게 보았을 때 상품의 본원적 속성이 주는 가치를 이성적, 논리적으로만 설득하는 데는 한계에 이르렀다고 할 수 있다. 열심히 노력하는 데도 불구하고 성과가 별로인 영업인들이 많은 이유도 바로 여기에 있다.

두 번째 이유는 가격이나 납기 등 거래조건과 관련한 경쟁이 심화되고 있기 때문이다. 2001년 교보 자동차보험이 온라인 자동차보험 상품을 출시했을 때, 이렇게 빨리 시장점유율 20%를 넘어설 것으로 예상한 사람은 그리 많지 않았다. 하지만 이제는 조만간 30%를 넘어 50% 이상을 기록할 것이라는 전망이 우세하다. 가격이 싼 데다 오프라인 자동차보험이 제공하는 서비스와 별다른 차이를 느끼지 못하는 고객들의 이탈이 계속되고 있기 때문이다.

여기서 필자는 이 책을 읽고 있는 당신에게 다음과 같은 질문을 하나 던지고 싶다. 당신이 현재 국내 1위의 오프라인 자동차보험사 사업본부장이라 가정하자. 당신 회사의 보험상품은 온라인 보험상품에 비해 평균 10~15% 비싸다. 그런 상황에서 당신은 영업인들에게 가격이 비싸다는 고객들을 어떻게 설득하라고 할 것인가?

"우리는 이 분야의 1위 기업으로서 브랜드 가치가 가장 높고 서비스 또한 가장 뛰어납니다. ○○○ 서비스가 대표적입니다. 저희는 언제, 어디서든 전화 한 통만 주시면 1시간 내에 달려가 고객님께서 안고 계신 자동차 문제를 해결해 드립니다. 한국생산성본부의 국가고객만족도와 한국능률협회컨설팅의 고객만족도 평가에서도 저희는 10년 연속 1위입니다. 이런 가치를 고려하면 절대 비싼 것이 아닙니다."

이렇게 설득하라고 할 것인가? 이런 논리적 설득에 지갑을 여는 고객들도 물론 있을 것이다. 하지만 이미 자동차보험에 가입한 고객 중 약 20%가 평균 15% 정도 싸다는 온라인 자동차보험사에 지갑을 열었다. 그리고 지속적으로 온라인 자동차보험사로 이탈하는 고객들은 늘어나고 있다. 그렇게 보면 보험영업인들이 자신의 연고관계와 인맥을 통해 언제까지 시장점유율을 지켜낼 수 있을지 의문이 든다.

이는 다른 산업에 있어서도 마찬가지다. 가전판매점의 예를 들어보자. 당신의 가전판매점에 찾아온 고객이 신형 3D TV를 가리키며 경쟁하고 있는 판매점이나 온라인 쇼핑몰보다 왜 비싸냐고 묻는다면 어떻게 답할 것인가? 그곳에서 파는 것보다 최신 모델이기 때문이라고 말할 것인가? 아니면 당신의 판매점에서 파는 3D TV는 좋은 부품을 썼기 때문이라고 말할 것인가?

최근 들어 고객들은 온라인 쇼핑몰에서 모델의 번호까지 상세하게 적어와 매장에서 똑같은 것인지 확인한 후 가격을 비교한다. 이렇게 똑똑한 고객들에게 위와 같이 말한다면 궁색한 변명으로 밖에 들리지 않을 것이다. 가격조건뿐 아니라 납기나 거래조건도 마찬가지다. 이성적이고 논리적인 근거는 물론 필요하다. 하지만 이제는 그보다는 고객의 감성에 소구해 지갑 대신 마음을 열어야 한다. 그 방식이 두세 배 정도 더 설득력이 있기 때문이다.

이처럼 모든 업종, 모든 형태의 세일즈에서 논리적 타당성을 가지고 고객을 설득하기 어려운 상황은 점점 많아지고 있다. 연고만으로 고객을 붙잡는 방식에도 점점 더 한계에 다다를 것이 분명하다. 이것이 바로 감성 세일즈 역량을 강화해야 하는 필연적 이유이다.

세 번째 이유는 각각의 영업인별로 세일즈 기술이 상향평준화가 되었기 때문이다. 10여 년 전만 해도 업종별, 기업별, 영업인별 세일즈 역량은 편차가 컸었다. 특히 대기업과 중견·중소기업 간의 차이는 심했다. 대기업은 자체 교육을 통해 자사 영업인들의 세일즈 역량을 강화할 수 있었지만, 중견·중소기업은 그렇지 못했기 때문이다. 특히 외국계 기업의 영업인력 양성 시스템은 상당히 체계적이었다. 이런 요인은 곧 영업력의 차이를 가져왔다. 이성적이고 논리적인 설득이 잘 먹혀들던 20세기 세일즈 패러다임 하에선 더욱 그랬다.

그러나 이제 그 차이는 거의 없어졌다. 고용보험을 통해 교육비를 환급받는 온라인 교육이나 중소기업의 영업인력 양성을 지원하는 무료교육으로 인해 연수시설 없이도 교육을 하게 되었기 때문이다. 물론 아직도 기업별, 영업인별로 정도의 차이는 있겠지만, 논리를 위주로 고객을 설득하는 기술은 이제 평준화가 됐다고 볼 수 있다. 따라서 영업인들의 세일즈 기술을 향상시키기 위해서는 감성 세일즈 역량 강화가 절대적이다.

네 번째 이유는 고객 서비스 수준의 평준화 때문이다. 호텔이나 백화점, 은행 등을 가보면 과거에 비해 고객 서비스 수준이 확실히 달라졌다는 것을 피부로 느낄 수 있다. 고객에게 환히 웃으며 인사하는 모습은 이제 어느 곳에서나 경험할 수 있는 일상이 되었다. 기업의 서비스 센터나 콜센터도 고객응대 수준이 상당히 진화했다.

이런 서비스를 경쟁사들이 제공하지 않을 때는 차별화 효과가 있었다. 하지만 이제 대부분의 기업들은 이런 표준화된 서비스를 이미 제공하고 있다. 수준 또한 그리 차이가 나지 않는다. 이런 상황에서 고객의 마음을 열려면 상냥하게 인사하고 친절한 것만으로는 한계가 있을 수밖에 없다. 이제는 경쟁사나 경쟁자와는 확실히 차별화된 서비스로 고객의 마음을 사로잡아야 한다.

다섯 번째 이유는 고객이 진화하기 때문이다. 영업인이라면 누구나 다음의 두 가지 목표를 완수해야 한다. 첫째는 신규고객을 개척하고, 둘째는 자신의 고객을 이탈시키지 않고 유지·성장시키는 것이 그것이다. 당신도 아마 고객을 유지·성장시키려면 고객을 만족시키고 고객과의 관계를 강화해야 한다고 배웠을 것이다. 그렇다면 만족한 고객들은 이탈하지 않는 것일까? 물론 만족하지 못한 고객들보다는 덜 이탈한다.

그런데 분명한 것은 만족한 고객들도 이탈한다는 것이다. 그 이유는 품질이나 성능·기능·디자인·안전함 등이 더 뛰어난 상품이 출시되었거나 더 싼 가격이나 더 유리한 거래조건을 제시받았거나 당신보다 더 뛰어난 전문가를 만났거나 더 이용하기 편리한 곳에 판매점이 오픈했다거나 더 감동적인 서비스를 경험했기 때문일 수 있다. 고객을 만족시키는 것만으로는 고객의 이탈을 막는 데 한계가 있는 이유가 바로 거기에 있다.

그렇다면 고객과의 관계는 어떻게 강화해야 할까? 식사나 술을 비롯해 등산이나 골프를 함께 하며 선물을 자주 하면 가능할까? 물론 좋은 방법이다. 하지만 이런 방법은 돈이나 시간을 제법 투자해야 하는 데다 경쟁자들 또한 이미 하고 있는 방식이다. 차별화를 하지 않는다면 노력에 비해 효과가 그리 크지 않을 수도 있다.

이에 대해 '충성고객을 만들면 되지 않을까?'라고 생각하는 사람들도 일부 있을 것이다. 물론 좋은 생각이다. 충성고객이 되면 일단 쉽게 이탈을 하지 않을 테니 말이다. 하지만 고객이 특정 상품이나 브랜드, 또는 영업인에 충성하는 이유를 알면 이야기는 달라진다.

고객이 충성하는 이유를 분석해 보면, 가격이나 포인트, 마일리지, 이용의 편리성, 독과점이나 연고관계 때문인 경우가 많다. 그렇게 본다면 결국 충성고객들도 어떤 조건에 충성하는 고객들인 셈이다. 이처럼 어떤 조건에 충성하는 고객들 역시 경쟁사나 경쟁자가 더 좋은 조건을 제시하면 미련없이 나비처럼 훨훨 떠날 수 있는 고객인 것이다.

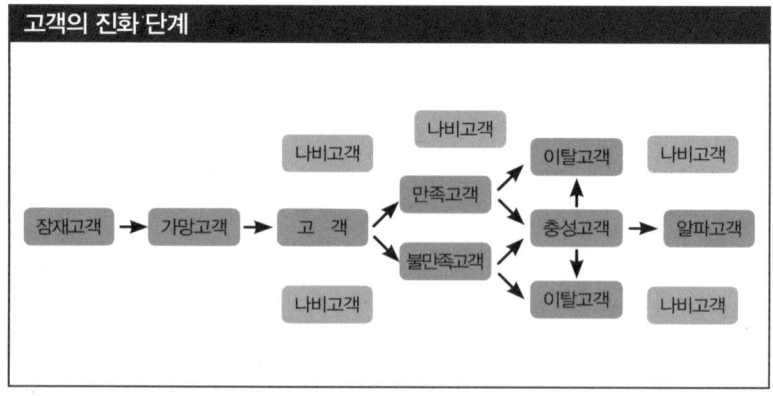

그러므로 고객을 유지·성장시키려면 앞의 그림처럼 고객 진화의 종착역인 알파고객을 창출하는 것이 필요하다. 알파고객은 어떤 조건에 충성하지 않고 특정 상품이나 브랜드, 기업, 매장, 사람을 열정적으로 지지하는 고객, 즉 열렬한 팬을 말한다. 알파고객이야 말로 경쟁을 무력하게 만드는 진정한 의미의 블루슈머인 것이다.

알파고객을 창출하기 위해서는 우선 상품의 본원적 속성과 브랜드가 주는 가치가 물론 탁월해야 한다. 하지만 접점에서 고객을 대하는 영업인의 세일즈 역량 또한 매우 중요하다. 그런데 여기서 중요한 사실은 논리적·이성적 세일즈 기술만으로는 절대 알파고객을 만들 수 없다는 것이다. 고객의 마음을 여는 감성 세일즈를 통해서만 알파고객을 만들 수 있다.

## 2_ 감성 세일즈의 6가지 효과

그렇다면 감성 세일즈를 통해 얻을 수 있는 효과에는 과연 어떤 것이 있을까? 이것은 사실 당신이 왜 감성 세일즈를 해야 하는가와 매우 큰 연관성을 가진다. 그 관점에서 감성 세일즈의 효과를 정리하면, 다음과 같이 6가지로 요약할 수 있다.

■ 감성 세일즈의 6가지 효과
1. 상품의 본원적 속성이 부족한 것을 극복할 수 있다.

2. 브랜드 파워의 열세를 극복할 수 있다.

3. 가격, 거래조건 등 영업환경의 불리함을 극복할 수 있다.

4. 신규고객 개척과 기존고객의 유지·성장을 배가시킨다.

5. 블루슈머, 즉 알파고객을 창출할 수 있다.

6. 알파고객의 추천으로 신규고객을 창출하는 선순환구조를 만들 수 있다.

이상 6가지가 감성 세일즈를 통해 얻을 수 있는 효과라고 할 수 있다. 여기서 1, 2는 자사 상품의 본원적 속성의 부족과 브랜드 파워의 열세를 극복할 수 있다는 점에서 시장점유율이 낮은 기업이나 시장에 뒤늦게 진입한 후발기업이 누릴 수 있는 효과라 할 수 있다. 이런 회사의 영업인 중에는 다음과 같은 생각을 갖는 이들이 있다.

"우리 회사는 업계에서 1~2등은 커녕 중간도 아닌 맨 꼴찌입니다. 상품 경쟁력이 타 기업에 비해 많이 떨어지고 브랜드 파워도 거의 없죠. 이런 상황이라 영업을 하는 것이 정말 힘듭니다. 고객을 찾아가 회사소개부터 해야 하는 경우가 많습니다. 이런 경우, 어떻게 해야 세일즈 성과를 높일 수 있을까요?"

이런 상황에서 세일즈를 해야 한다면 정말 답답할 것이다. 하지만 주위를 둘러보면 이런 상황에서도 탁월한 성과를 올리는 이들이 의외로 많다. 대우자동차와 GM대우자판에서 누적판매 4,500여 대를 돌파해 자동차 판매왕으로 명성이 자자한 한국GM 동대문 영업소의 박노진 대표가 바로 그 대표적인 인물이다.

그렇다면 박노진 대표가 영업달인이 될 수 있었던 비결은 과연 무엇이었을까? 고객의 마음을 사로잡는 역량이 탁월한, 즉 감성 세일즈의 달인이었기 때문이다.

품질·기능 등 상품의 본원적 가치가 큰 차이를 보이면 어떤 영업달인이라도 성과를 올리기란 쉽지 않다. 하지만 대부분의 업종에서 그 차이는 생각만큼 크지 않다. 이런 기업들은 대개 1~2위 기업에 비해 조금 낮은 가격을 제시하거나 때로는 파격적인 조건을 제시하기도 한다. 하지만 이렇게 열악한 영업환경을 극복하고 성과를 올리는 데 있어 감성 세일즈는 그 대안이 된다.

3은 앞서 언급한 오프라인 자동차보험 분야의 업계 1위 기업에서 볼 수 있듯이 시장점유율 1, 2위를 다투는 기업의 영업인들이 주로 가지는 고민이다. 고객들이 "왜 당신 회사의 상품은 비싼가?"라고 물었을 때 상품의 가치를 논리적으로 설명해서 고객이 수긍한다면 이것은 아무런 문제도 되지 않는다. 그런데 현장에서는 이와 반대의 상황이 발생하게 마련이다. 바로 이런 상황에서 고객의 마음을 여는 감성 세일즈는 그 위력을 크게 발휘한다.

4, 5는 바로 앞에서 설명했기 때문에 이미 충분히 이해가 되었을 것이다. 마지막인 6도 마찬가지다. 열정적인 지지를 보내는 알파고객은 고객을 소개해 달라고 부탁하지 않아도 자발적으로 소개해 주는 특징을 가지고 있다.

당신은 그런 알파고객이 얼마나 되는가? 대부분의 영업인들은 자신의 고객 중 5~10% 정도를 보유하고 있다. 따라서 당신이 경쟁자를 이기는 최선의 길은 그 비율을 30%, 50%, 최종적으로는 100%까지 높이는 것이다. 감성 세일즈만이 이런 목표를 실현할 수 있는 유일한 대안이다.

이제 당신은 감성 세일즈가 어떤 업종과 어떤 기업, 어떤 영업인에게 유용한지 알게 되었을 것이다. 그렇다면 이제부터 감성 세일즈의 달인이 되겠다는 분명한 목표를 세우기 바란다. 경쟁자나 그 누구도 도저히 따라할 수 없는 당신만의 블루오션 세일즈 역량을 구축해 줄 것이기 때문이다.

다음 장부터는 본격적으로 감성 세일즈를 할 때 팔아야 할 것들이 무엇이고, 판매왕이나 영업달인들은 어떻게 이를 실행했는지 알아보자.

## 02_
고객에게 팔아야 할 첫 번째:
# 호감

E M O T I O N A L
S A L E S

01 미인무죄와 호감의 법칙
02 비언어적 요소를 통해 호감을 얻는 방법
  1_ 백화점이 판매직원의 점을 빼주는 사연
  2_ 영업인은 왜 손이 따뜻해야 할까?
  3_ 튀는 옷차림은 영업인에게 득일까, 해일까?
  4_ 잘 웃으면 정말 잘 팔 수 있을까?
  5_ 300억 사나이의 비결
03 대화를 통해 호감을 얻는 방법
  1_ 현대판 카사노바의 비결
  2_ 고객에 호감을 주는 대화의 기술 10가지
  3_ 억대 연봉 텔레마케터의 비밀
  4_ 왜 칭찬과 아부의 달인이 돼야 하는가?
  5_ 고객 성향별 맞춤형 대화를 하라
  6_ 고객이 맞장구치도록 만들어라
  7_ 유머 세일즈의 달인이 되는 5가지 방법

# 미인무죄와 호감의 법칙

    고객이 당신에게 가장 먼저 사는 것은 바로 호감이다. 따라서 당신은 무엇보다 먼저 고객에게 호감을 팔아야 한다. 그런데 이 말에 다음과 같은 의문을 갖는 사람이 있을 것이다. 첫 번째 의문은 '고객이 가장 먼저 사는 것이 정말 호감일까?'이고, 두 번째는 '호감이 고객의 마음을 여는데 그렇게 큰 영향을 미친단 말인가?'다. 그리고 세 번째는 '백화점이나 은행, 가전, 보험, 자동차, 정수기 등과 같이 개인 고객을 대상으로 하는 영업인들에게는 어느 정도 필요하지만 반도체나 IT처럼 상품의 본원적 속성이 가장 중요한 업종, 정부나 자치단체와 같이 관공서가 목표고객인 업종, 대리점 영업을 하는 업종의 경우엔 별로 해당되지 않는 게 아닌가?'가 그것이다.

    그러나 고객에게 가장 먼저 팔아야 할 것은 단연코 호감이다. 외모와 옷차림, 말소리, 웃는 모습 등이 가방 속에서 꺼낸 프레젠테이션 자료나 카탈로그, 입찰 제안서보다 고객의 눈과 가슴, 그리고 머리에 먼저 침투하기 때문이다. 그래서 많은 사람들이 첫인상에서부터 호감을 불러일으키기 위해 노력한다. 첫 인상이 비즈니스의 성패를 좌우하는 중요한 요소이기 때문이다.

그렇다면 첫인상은 어떻게 형성되는 것일까? 첫눈에 들어오는 생김새나 옷차림, 표정, 말투 등과 같이 극히 제한된 정보로 형성된다. 그런데 여기서 가장 중요한 것은 한 번 형성된 첫인상은 좀처럼 바꾸기 힘들다는 것이다. 그 이유는 뇌의 정보처리 과정에서 초기의 정보가 후기의 정보보다 훨씬 중요하게 작용하기 때문이다. 따라서 어떤 고객을 대상으로 하든 어떤 상품을 팔든 고객에게 좋은 첫인상을 주어 호감을 갖게 하는 것은 중요하다.

우리나라에는 '유전무죄'라는 말이 있다. 그런데 미국에는 '미인무죄'라는 말이 있다고 한다. 말 그대로 잘생긴 사람이 무죄판결을 받을 확률이 높다는 의미이다. 심리학자들이 법정에서 무죄판결을 받은 사람들의 공통점을 찾다 보니 그중 하나가 바로 예쁘고 잘생긴 사람이었다는 통계자료가 나온 데서 유래했다고 한다. 그렇다면 예쁘고 잘생긴 사람들이 왜 무죄판결을 많이 받았을까? 예쁘고 잘생긴 외모가 배심원들이나 판사들에게 호감을 주었기 때문이다.

세계적인 심리학자인 로버트 치알디니도 상대를 설득하는데 있어 가장 유용한 방법 중 하나로 호감을 꼽는다. 그는《설득의 심리학》이라는 책에서 설득의 법칙 6가지를 설파하고 있는데, 그중 하나가 바로 '호감의 법칙'이다. 앞에서 필자는 미소를 띠며 무언가를 팔거나 서비스를 제공할 경우, 그렇지 않은 경우보다 몇 배나 높은 성과를 올렸다고 소개를 했었다. 환한 미소와 웃음이 상대에 호감을 줘 지갑은 물론 마음까지 연다고 말이다.

그것이 정말 효과가 있는지 로버트 치알디니와 같은 심리학자들이 실험했던 적이 있었다. 가상으로 '무의탁 노인돕기 기금모금 캠페인'이라는 행사를 기획한 후, 각각의 남성과 여성 그룹의 기금모금을 비교하는 실험이었다. 먼저 그들은 여성 그룹을 한 집단은 예쁘고 키도 크며 날씬한 여성들로, 또 다른 집단은 평범한 여성들로 편성했다.

그리고 사람들이 많이 다니는 터미널과 공항 대합실, 시내의 번화가 등에서 똑같은 조건으로 똑같은 시간 동안 기금을 모금하도록 했다. 과연 어떤 결과가 나왔을까? 날씬하고 예쁜 여성 그룹이 무려 2.4배나 더 모금을 했다고 한다. 또한 남성들에게도 여성들과 똑같은 방식으로 기금 모금 캠페인을 한 결과, 남성들의 경우도 잘 생긴 꽃미남 스타일의 그룹이 2배가량 더 모금을 했다고 한다. 호감 가는 외모가 주는 효과 때문이었다.

그렇다면 적십자에서 진행하는 헌혈 캠페인도 이젠 조금 바꿔 보면 어떨까? 헌혈을 권유하고 채혈하는 분들을 예쁘고 날씬한 분들로 바꿔 보는 식으로 말이다. 지금까지의 실험 결과들을 참고한다면, 헌혈자를 두 배 이상 증가시킬 수 있지 않을까?

이에 대해 어떤 사람들은 '외모 지상주의'라며 반감을 갖거나 외모에 자신이 없는 사람들은 기분이 상할 수도 있을 것이다. 그렇다고 해서 너무 실망할 필요는 없다. 외모는 고객의 호감을 얻는 방법 중 극히 일부분에 지나지 않기 때문이다.

그렇다면 고객에게 호감을 팔기 위해 무엇을 어떻게 하면 좋을까? 이에 대해서는 2가지 접근 방법이 있을 수 있다. 하나는 외모, 옷차림 등 비언어적 요소를 활용하는 방법이고, 다른 하나는 고객과 대화하는 기술, 즉 언어적 요소를 통한 방법이 그것이다.

# 비언어적 요소를 통해
# 호감을 얻는 방법

고객의 호감을 얻는 방법 중 비언어적 요소란 영업인의 외모, 옷차림, 얼굴 표정, 미소, 인사, 제스처, 시선 등 대화적 요소를 제외한 것을 말한다.

미국 세인트루이스 연방준비은행의 한 애널리스트가 2009년 4월 〈리저널 이코노미스트〉란 잡지에 게재한 보고서에 따르면, 직장 생활을 할 때 키가 크고 날씬하며 잘생긴 사람이 연봉과 승진 등에서 여러 가지로 유리했다고 한다. 그에 따르면, 외모가 떨어지는 사람은 평범한 얼굴을 가진 사람에 비해 임금이 9%나 적었고, 반대로 뚱뚱한 여성은 평균 체중의 여성보다 17%나 임금이 적었다고 한다. 외모가 내부고객에게 긍정적인 호감을 주기 때문에 승진과 연봉에 영향을 미친 것이다.

하지만 이런 현상은 직장에서 같이 생활하는 내부고객은 물론 외부고객에게도 비슷한 영향을 미친다. 다음에 소개할 현대백화점 목동점의 사례가 대표적이다.

## 1_ 백화점이 판매직원의 점을 빼주는 사연

**백화점이 판매직원의 점을 빼주는 이유는?**

고객의 호감을 사려면 판매직원들의 깔끔한 외모는 기본이다. 그래서 회사가 고객을 대하는 직원의 점을 빼주고, 스케일링까지 해주는 등 '외모관리'까지 나섰다. 현대백화점 목동점은 2009년부터 판매사원을 포함해 고객을 직접 대하는 직원들에게 근처 피부과와 제휴해 연 1회 무료로 기미ㆍ잡티ㆍ주근깨를 제거해 주기로 했다. 점 3개 정도를 빼는 5만 원 상당의 시술은 무료로 해주고, 그 이상의 비용은 직원 개인이 부담해야 한다. 그리고 목동점 근처 치과와 제휴해 연 두 차례에 걸쳐 5만 원 상당의 스케일링이나 실란트 시술도 무료로 해준다. 신청을 받기 시작한 지 2주 만에 1,500여 명의 직원 중 50여 명이 신청을 했다.

현대백화점 목동점 송영훈 총무파트장은 "하얀 이와 피부로 고객에게 더 좋은 이미지를 주는 동시에 직원들의 자신감도 높이자는 취지"라고 설명했다. 현대백화점은 10여 년 전 외환위기 당시 '가글링 캠페인'을 시작해 고객에게 좋은 평가를 받았다. 현대백화점은 흡연 뒤 고객을 대할 때 입 냄새를 없애야 한다며 백화점 전 지점의 직원 흡연실 입구에 가글 기계를 설치해 지금까지 운영하고 있다.

- 〈중앙일보〉, 2009. 2.

그렇다면 고객과 직접 대면할 경우에만 매력적인 외모가 고객에게 긍정적인 호감을 이끌어 내는 것일까? 그렇지 않다. 상대방에게 휴대전화나 이메일, 우편을 통해서 사진 등을 보내 매력적인 외모를 가진 사람이라는 것을 알리면 훨씬 높은 호응을 이끌어 낼 수 있다.

2003년에 심리학자인 게겐과 자코브, 레고에렐이 이메일을 통해 조사한 바에 따르면, 매력적인 외모의 사진을 동봉한 경우 설문지 전송자의 비율이 22.5%로, 별로 매력적이지 않은 외모의 사진을 첨부한 3.3%보다 약 7배나 높았다.

이에 대해 의심을 갖는 사람들을 위해 1996년 드실즈가 했던 실험도 소개한다. 드실즈는 1,000명의 실험 대상자들에게 자동차보험 가입에 대한 의사를 묻는 1분짜리 광고 2편을 보여 주었다. 한 편은 매력적인 외모를 가진 사람이, 다른 한 편은 별로 매력적이지 않은 외모를 가진 사람이 가입을 권유하는 광고였다.

그 평가는 보험에 가입하고 싶은 마음을 5점 만점에 점수로 나타내는 방식이었는데, 그 결과 매력적인 외모를 가진 사람이 3.6점으로 별로 매력적이지 않은 사람의 2.5점에 비해 38%나 높게 나왔다고 한다. 이러한 실험 결과로 볼 때 매력적인 외모를 가진 사람이 별로 매력적이지 않은 사람보다 더 쉽게 사게끔 만든다는 것을 알 수 있다.

이처럼 지금까지 소개한 실험들과 사례들을 종합해 보면, 자신의 외모에 보다 더 많은 신경을 써야 한다는 것을 알 수 있다. 그렇다고 해서 성형수술을 하라는 말은 아니다. 그렇다면 자신의 외모가 받쳐주지 않는 사람은 어떻게 해야 할까?

　타고난 이목구비야 어쩔 수 없겠지만, 조금만 신경을 쓰고 노력을 한다면 고객에게 호감을 주는 외모의 주인공이 될 수 있다. 헤어스타일이나 옷차림에 좀 더 신경을 쓴다든지, 고객을 대할 때마다 항상 밝은 미소를 짓는 것과 같이 비언어적 요소를 활용하면, 얼마든지 매력적인 영업인으로 변신할 수 있다.

　그리고 자신의 외모가 매력적이지 않은 영업인들이라고 해서 결코 실망할 필요는 없다. 다음과 같은 요소들도 호감을 불러올 수 있는 비언어적 요소이기 때문이다.


### 2_ 영업인은 왜 손이 따뜻해야 할까?

　사람들은 왜 악수를 할까? 악수는 상대에게 악의가 없음을, 즉 당신과 나는 친구라는 의미를 나타내는 행동 언어다. 만약 상대가 당신에게 친구처럼 지내고 싶어 손을 내밀었는데 거절을 한다든지 당신의 손이 너무 차갑거나 더럽거나 땀에 흥건히 젖어 있다면 어떨까? 상대는 유쾌한 기분을 가질 수 없을 것이다. 이처럼 악수와 같은 가벼운 터치 역시 상대와 친밀한 관계를 만드는 데 유용한 수단이다.

　그렇다면 당신 손은 따뜻한가, 아니면 차가운 편인가? 생뚱맞은 질문이라고 생각할 수도 있을 것이다. 그러나 그렇지 않다. 고객·가망고객과 악수할 기회가 많은 영업인들의 경우, 손의 온도에 따라서 첫인상이 달라질 수 있다. 고객을 만나 악수를 했을 때, 영업인의 손은 항상 청결하고 적당하게 따뜻한 게 좋다.

미국 예일 대학교의 연구진들이 2008년 〈사이언스〉라는 잡지에 게재한 실험 결과를 보면, 더욱 그래야 한다는 것을 알 수 있다. 연구를 주도한 존 바흐 교수팀은 똑같은 사람을 두고 한 팀에게는 따뜻한 커피를 손에 들게 하고, 또 다른 팀에게는 차가운 커피를 들게 한 후 악수를 통해 첫인상을 평가하게 하는 총 41가지의 실험을 했다.

그런데 놀랍게도 따뜻한 커피로 손을 데운 사람들에게는 "성실하고 관대해 보인다"고 평가를 한 반면, 차가운 커피를 들어 손이 차가웠던 사람들에게는 대체로 "이기적이고 예민해 보인다"는 평가를 했다고 한다. 이처럼 손이 따뜻한 정도에 따라서도 호감과 비호감의 이미지가 형성된다. 하지만 영업인의 손이 항상 따뜻해야 하는 것은 아니다. 특히 여름철에는 축축하게 젖거나 뜨거운 손보다는 오히려 약간 차가운 손이 더 좋은 느낌을 준다.

이를 실전에서 그대로 활용하는 한 자동차 판매왕은 고객을 만나기 전에 반드시 손을 씻는데 겨울철에는 따듯한 물로, 여름철에는 시원한 물로 씻는다고 한다. 첫 번째 터치에서 좋은 느낌을 받은 고객들은 대부분 미소를 띠며 상담에 응한다고 하니 그의 세일즈 비결도 알고 보면 손 씻는 것에서부터 비롯된 셈이다. 하나를 보면 열을 알 수 있듯 이 정도의 정성에 마음을 열지 않을 고객이 과연 몇이나 되겠는가?

### 3_ 튀는 옷차림은 영업인에게 득일까, 해일까?

부모로부터 물려받은 외모야 어쩔 수 없겠지만, 옷차림은 첫인상을 넘어 만날 때마다 자신에 대해 좋은 이미지를 가지게 하는 아주 중요한 요소다. '정말 그럴까?'라는 생각을 갖는 사람들을 위해 두 개의 실험 결과를 소개한다.

맥엘로이와 모로우는 한 젊은 여성에게 화사한 색상의 원피스를 입은 매력적인 옷차림과 그렇지 않은 옷차림으로 사람들에게 다가가 자선단체에 돈을 기부해 달라고 요청하게 했다. 그 결과, 매력적인 옷차림을 했을 때가 그렇지 않았을 때보다 45%나 많은 기부금을 모금했다고 한다. 또한 그린과 자일즈가 실시한 설문조사에서도 조사자가 넥타이를 매고 조사를 했을 때의 응답률이 70%로, 넥타이를 매지 않았을 때의 40%보다 2배 가까이 높았다고 한다.

그렇다면 영업인들은 언제나 넥타이를 매고 정장을 입어야 할까? 꼭 그래야 하는 것은 아니다. 필자가 직접 만난 골프장 작업용 차량을 판매하는 영업인의 다음 사례를 보면 말이다.

**상황에 따른 옷차림의 위력!**

외국계 J사의 한 영업사원은 항상 흰색 와이셔츠에 단정한 넥타이를 매고 고객인 골프장 작업용 차량의 관리자들을 방문했다. 이 영업사원은 고객사의 부품창고에서 고객과 얘기를 나누면서 자신의 흰색 와이셔츠에 혹여 기름이 묻을까 항상 조심스러워 했다. 가끔씩 자신의 와이셔츠에 기름이 묻으면 곧바로 물가로 가 씻어내곤 했다.

그러나 경쟁사인 K사의 영업사원은 달랐다. 그 역시 흰색 와이셔츠에 넥타이를 맨 단정한 옷차림이었지만 고객을 방문할 때마다 고객의 부품창고로 가 넥타이를 푼 다음, 흰색 와이셔츠를 입은 채 차 밑으로 기어들어가 어디가 고장인지 점검을 해주고 간단한 부품은 직접 교환해 주기도 했다. 간단한 정비와 부품교환을 마치고 차 밑바닥에서 나올 때마다 그의 흰색 와이셔츠에는 어김없이 기름이 묻어 있었다. 그뿐 아니라 콧등, 볼 등에도 까만 기름이 묻어 있곤 했다. 고객들은 그런 그의 모습에 골프장 작업용 차량의 구매를 몰아주는 것으로 화답했다.

이는 옷차림과 관련해 완전히 상반된 사례다. 이렇게 나쁜 이미지를 심어놓으면 그것을 바꾸는 데 많은 비용과 시간이 소요된다. 당신의 제안서나 상품에도 나쁜 영향을 미치게 됨은 당연하다. 그렇다면 당신은 과연 어떤 옷차림으로 고객에게 호감을 줘야 할까? 다음과 같은 5가지를 고려해야 한다.

■ 고객에 호감을 주는 옷차림 팁 5가지

1. 단정하고 멋스럽게 입어라. 좋은 첫인상을 줘야 호감과 신뢰감으로 연결된다.
2. 패션 감각과 센스가 있다는 인상을 줘라. 그렇다고 무조건 단정하게만 입을 필요는 없다.
3. 고객의 눈높이에 맞춰라. 고객보다 너무 화려하거나 튀는 것은 바람직하지 않다.

4. 명품이나 비싼 옷으로 치장하지 마라. 고객에게 안정감을 주면서도 멋지게 입는 것이 좋다.

5. 가방이나 명함 등 소품과 맞춰 입어라. 그것만으로도 고객에게 신뢰를 줄 수 있다.

이 말에 아마 누구나 고개가 끄덕여질 것이다. 하지만 여기서 정작 중요한 것은 고객에게 호감을 주는 옷차림에 공통점은 있으나 정답은 없다는 것이다. 고객마다 취향이 다르고 업종마다 옷차림이 조금씩 다를 수밖에 없기 때문이다.

특히 백화점이나 은행, 증권사 등 부유층 고객을 상대하는 영업인들은 옷차림에 좀 더 세심한 신경을 써야 한다. 백화점의 명품매장을 찾은 고객이 "그 블라우스 어디에서 산 거예요?"라고 물었을 때 "시장에서 산 것입니다"라고 대답할 수는 없지 않은가. 이런 업종의 영업인들은 옷차림이나 헤어스타일, 액세서리까지 고객 수준에 맞출 필요가 있다.

그렇다면 톡톡 튀는 옷차림은 어떨까? 너무 튀는 옷차림은 바람직하지 않다고 필자는 말했지만, 반드시 그런 것만은 아니다. 톡톡 튀는 옷차림이 어떤 업종, 어떤 영업인에게는 오히려 긍정적인 효과를 가져오기도 한다. 현대자동차의 판매왕 최진실 씨가 대표적인 예다.

그는 자동차 영업인들의 트레이드 마크인 정장 차림에서 자신을 차별화하기 위해 퀵 서비스 복장이나 연미복 차림을 하곤 한다. 자동차 영업인 중엔 슈퍼맨이나 로보캅과 같이 튀는 옷차림으로 세일즈를 하는 이들도 꽤 존재한다.

보험업계에서도 톡톡 튀는 옷차림으로 판매왕을 차지한 영업인이 있다. 현대해상화재보험의 김휘태 씨가 그 주인공이다. 그는 자동차 안에 종류별로 의상을 준비해서 20~30대 고객을 만날 때는 최신 유행의 캐주얼 차림, 주부들 앞에서는 화려한 색상의 옷과 촌스러운 선글라스를 끼고 나타난다.

이와 같은 행동에 대해서 '꼭 그렇게까지 해야 하나?'라고 생각하는 사람도 있을 것이다. 그리고 '나는 자동차가 아닌 기계 부품을 파는 영업인이니까 해당사항이 없다'고 생각하는 사람도 물론 있을 것이다. 그런데 이런 옷차림으로 세일즈를 하는 이들의 공통점이 있다. 바로 그들이 탁월한 성과를 올리고 있다는 것이다.

그렇다면 그들은 왜 그렇게 좋은 성과를 낼 수 있는 것일까? 그 이유는 간단하다. 그들의 그런 행동이 고객들로 하여금 '정말 열심히 한다, 열정이 있다'는 좋은 이미지를 심어줘 호감과 친근감을 가지게 하기 때문이다.

만약 당신이 지금까지 옷차림에 그다지 신경을 쓰지 않았다면, 지금 이 순간부터는 늘 청결함을 유지하고 자신을 가꾸는데 어느 정도 시간을 투자하기 바란다. 그리고 여기서 반드시 기억할 것이 있다. 그것은 바로 당신만의 취향이 아니라 고객의 취향에 맞는 옷차림을 준비해야 한다는 것이다.

## 4_ 잘 웃으면 정말 잘 팔 수 있을까?

모든 영업인들은 가망고객과 좋은 관계로 발전하기를 원할 뿐만 아니라 기존고객과도 보다 친밀한 관계를 맺기를 원한다. 그렇다면 무엇이 이를 가능하게 할 수 있을까? 이런 질문에 대부분의 영업인들은 "전화를 자주 하고 많이 만나는 게 최상의 방법이다. 또한 정성을 담은 DM이나 문자, 편지도 보내고 식사도 자주 하고 선물도 가끔씩 보내야 된다"라고 말할 것이다. 그러나 그 전에 먼저 실천해야 할 것이 있다. 바로 웃는 것이다.

카네기 공대에서 졸업생들 중 성공한 사람들의 성공 요인에 대한 실험을 한 적이 있었다. 이 실험에서 재능이 있고 머리가 똑똑한 사람은 성공 확률이 15%였던 데 반해, 인간관계가 좋은 사람은 성공 확률이 85%로 나왔다.

그렇다면 인간관계가 좋은 사람의 공통점은 무엇이었을까? 잘 웃는다는 것이었다. 그렇게 본다면 잘 웃는 영업인도 그렇지 않은 영업인에 비해 성공 확률이 다섯 배 이상 높지 않을까?

그런데 잘 웃는 것이 비단 고객과의 친밀한 관계를 구축하는 데에만 효과가 있는 것은 아니다. 영업인 자신에게도 큰 도움이 된다. 하루 15초만 웃으면 자신의 수명을 2일이나 연장시킬 수 있고, 하루 45초만 웃으면 어떤 스트레스도 이겨낼 수 있다고 한다. 그래서 데일 카네기도 미소의 효과에 대해 다음과 같이 언급했다.

"미소는 아무런 대가를 치루지 않고도 많은 것을 이루어 냅니다. 미소는 받는 사람의 마음을 풍족하게 해주지만, 주는 사람의 마음을 가난하게 만들지는 않습니다. 미소는 번개처럼 짧은 순간에 일어나지만, 그 기억은 영원히 남기도 합니다. 미소 없이 살아갈 수 있을 만큼 부자도 없고, 그 혜택을 누리지 못할 만큼 가난한 사람도 없습니다. 미소는 가정에서 행복을 꽃피게 하고, 직장에서 호의를 베풀게 하며, 친구 사이에는 우정의 징표가 됩니다. 미소는 지친 사람에게는 안식이고, 낙담한 사람에게는 격려이며, 슬픈 사람에게는 희망의 빛입니다. 세상의 어려움을 풀어주는 자연의 묘약이기도 합니다. 그러나 미소는 돈으로 살 수도 구경할 수도 없으며, 빌리거나 훔칠 수도 없습니다. 왜냐하면 미소는 대가 없이 줄 때에만 빛을 발하는 것이기 때문입니다."

### 신세계백화점이 서비스 아카데미를 다시 연 까닭은?

신세계백화점은 2010년부터 미소를 이용한 커뮤니케이션과 웃음 전문가 과정 등 12개 강좌로 구성된 스마일 아카데미를 다시 운영하고 있다. 신세계백화점 전 직원과 협력회사 사원 2만 3,000여 명을 대상으로 한다. 이처럼 신세계백화점이 대대적으로 스마일 아카데미를 연 이유는 고객 2,000명에게 설문 조사를 한 결과, 응답자 중 60%가 "매장직원이 잘 웃지 않는다"는 불만을 쏟아냈기 때문이었다. 이는 고객들이 신세계백화점에 갖고 있는 가장 큰 불만이기도 했다.

최근 들어 백화점이나 호텔, 은행 같은 곳에 가면 허리를 굽혀 정중하게 인사를 하는 이들을 쉽게 만날 수 있다. 그러나 그들을 유심히 관찰해 보면 고객을 진심으로 대하는 사람을 만나기란 매우 어렵다. 회사에서 의무적으로 하라고 하니까 딱딱하고 무표정한 얼굴로 인사하는 사람들이 대부분이다.

신세계백화점의 관계자는 "진정한 고객 서비스의 출발은 딱딱하고 무표정한 인사가 아니라 밝은 웃음"이라며 미소로써 고객의 호감을 얻는 다양한 방법을 직원들에게 알려주기 위해 '스마일 아카데미'를 개설했다고 설명했다. 신세계백화점은 그 외에도 '스마일 회진제도'를 실시하고 있다. 임원들이 매일 매장을 돌며 직원들의 웃음을 점검해 멋진 미소를 짓는 직원에게는 칭찬카드를 발급해 시상하고 잘 웃지 않는 직원에겐 인사고과에 불이익을 주는 제도이다.

또한 매일 오후 4시를 '친절의 시간'으로 정해 이 시간에 매장직원들이 음악에 맞춰 고객에게 웃으며 인사를 하도록 하고 있으며, 상·하반기에 각 1회씩 점포별로 잘 웃는 사원을 뽑아 친절한 미소를 겨루는 '신세계 스마일 올림픽'을 실시해 우수사원을 시상하고 있다. 고객 서비스 수준을 한 차원 높이기 위해 친절교육과 고객응대 매너 등 고객만족과 관련한 교육을 지난 십몇 년 동안 잘해왔다고 자부하던 이 백화점이 이처럼 스마일 아카데미를 다시 여는 이유를 주목할 필요가 있다.

고객을 대할 때 밝게 웃고 정중한 자세로 인사를 하는 것은 기본 중의 기본이다. 그렇기 때문에 당연히 잘 하고 있으리라 생각했는데, 60%의 고객들이 잘 웃지 않는다고 고객들이 불만을 표출하니 충격을 받을 수밖에 없었을 것이다. 물론 이는 비단 신세계백화점만의 문제는 아닐 것이다. 할인점이나 은행, 주유소 등을 가보면 잘 웃지 않는 직원들은 쉽게 발견할 수 있기 때문이다.

SK 브랜드 관리실의 2008년도 조사에 따르면, 한국인 100명 중 2명은 하루에 한 번도 웃지 않으며, 하루 평균 10회 가량 웃고 한번 웃을 때 약 8.6초 동안 웃는다고 한다. 자신의 타고난 외모는 어쩔 수 없는 경우가 많고, 고객에게 호감을 주는 옷차림을 하려면 어느 정도 돈이 들어가게 마련이다. 하지만 고객을 향해 밝게 웃는 것은 돈이 들지 않을 뿐 아니라, 자신의 외모와 상관없이 고객의 호감을 얻을 수 있는 방법이다.

그렇다면 어떻게 해야 잘 웃을 수 있을까? 먼저 옛날에 웃겼던 일이나 실수했던 일을 떠올려 보면 좋다. 아무리 웃지 않는 사람이라도 웃는 것이 2배로 늘어날 것이다. 아울러 물건을 팔 때도 웃고 살 때도 웃어라. 하나 팔 것을 두 개 팔 수 있고, 파는 사람에게서 덤을 얻을 수도 있다.

그리고 자신이 활짝 웃는 모습을 사진에 담아 수시로 바라보라. 웃음이 절로 날 것이다. 웃음노트를 만들어 웃겼던 일, 웃었던 일들도 기록하라. 웃음도 학습효과가 있기 때문이다. 웃는 것도 연습이 필요하다. 그러니 거울을 보고 하루에 100번 이상 웃는 연습을 하라. 잘 웃을 준비를 하기 위해 개그 프로그램이나 비디오, 유머 관련 서적을 보거나 유머 관련 사이트 등을 자주 방문하는 것도 좋다. 이 때 그냥 보거나 읽는 것보다는 따라 하면서 웃어야 효과가 있다. 가족이나 고객과 같이 웃는다면 금상첨화다.

그렇다면 어떻게 웃어야 할까? 밝은 미소를 띠며 웃어야 한다. 밝은 미소는 입 꼬리가 올라가고, 윗니 8개가 보이며, 자연스럽게 눈웃음과 조화를 이룬 웃음을 말한다. 이때 긍정적인 마음가짐은 필수다. 어떤 사람은 자주 웃으면 실없는 사람처럼 보일까봐 두려워한다. 평소에 잘 웃지 않던 사람이라면 더욱 그렇다.

그렇기 때문에 웃는 것에도 노하우가 필요하고 웃는 타이밍도 중요한 것이다. 자칫 잘못 웃으면 고객에게 추파를 던진다고 오해를 받을 수 있다. 혹은 고객이 영업인에게 이성으로서의 호감을 갖게 할 수도 있다. 따라서 개인 감정을 갖거나 시도 때도 없이 웃어서는 안 된다. 건강하게 잘 웃어야 하는 것이다.

그렇다면 언제, 어떻게 웃어야 할까? 고객을 만날 때마다 최소한 열 번은 웃어라. 고객과 시선이 마주칠 때가 첫 번째 웃어야 할 때다. 그리고 고객에게 다가가 악수를 할 때가 두 번째, 고객과 마주 앉아 차를 마시기 전후가 세 번째, 네 번째 웃어야 할 때다. 고객과 상담 중에 다섯, 여섯, 일곱 번째로 웃어야 하며, 이야기를 마치고 일어서기 전에 여덟 번째, 엘리베이터 앞이나 현관 로비에서 악수를 나눌 때가 아홉 번째로 웃어야 할 때다. 그리고 엘리베이터를 탄 상태에서 고객과 눈이 마주쳤을 때, 또는 악수하고 돌아서서 가다가 뒤돌아서 고객과 시선이 마주쳤을 때가 열 번째로 웃어야 할 때다. 물론 이 수치는 최소한이다. 스무 번이든 서른 번이든 많을수록 좋다

그렇다면 고객을 만날 때만 잘 웃으면 될까? 그렇지 않다. 전화통화를 할 때에도 웃어야 한다. 처음 인사를 나눌 때 한 번, 이야기 중간에 두세 차례, 마무리를 하기 전 한 번, 이렇게 최소한 다섯 차례는 웃어야 한다. 고객을 웃게 만드는 게 쉽지 않듯 전화통화를 하면서 웃는 것도 그리 쉬운 일은 아니다. 그렇다고 해서 고객을 인위적으로 웃게 만들라는 것이 아니다. 자신이 웃으라는 거다. 자연스럽게 웃다 보면 고객도 따라서 웃게 마련이다.

그렇다면 세일즈 성과가 좋지 않을 때에도 웃어야 할까? 그렇다. 어떠한 역경 속에서도 웃어야 한다. 고객에게 거절을 당해도, 계약 직전까지 갔다가 계약이 무산돼도, 상사에게 질책을 받았어도, 슬럼프에 빠졌을 때에도 일단 웃어야 한다. 그래야 힘을 얻을 수 있기 때문이다. 웃음은 힘든 시기를 잘 견딜 수 있게 도와주는 신비로운 약이다. 따라서 세일즈로 인해 하루하루가 고달프더라도 더 많이, 더 밝게, 그리고 더 멋있게 웃어야 한다.

당신은 하루에 몇 번이나 웃는가? 이제부터 많이 웃어라. 고객에게 호감을 주는 용모는 당신의 의지와 상관없이 결정되는 경우가 많지만, 웃는 것은 그렇지 않다. 당신의 의지만 있으면 얼마든지 고객의 호감을 얻을 수 있는 방법이다.

아직도 당신은 '고객의 호감을 얻으면 정말로 두 배 이상의 효과가 나올 수 있을까?'라고 생각하는가? 그렇다면 사례 하나를 더 소개하겠다. 은행의 용역직 청원경찰로 360여억 원의 예금을 예치해 '300억 사나이'로 불리는 한원태 씨의 사례가 이를 증명해 줄 것이다.

## 5_ 300억 사나이의 비결

**나는 자네에게 홀렸네**

한원태 씨가 지금은 하나은행으로 통합된 (구)서울은행의 안양 석수동 출장소에 청원경찰로 근무할 때의 일이다. 자신의 딱딱한 태도 때문에 전국 영업점 CS평가에서 최저 점수를 받은 것에 자극을 받은 그는 밝은 미소로 웃으면서 허리를 90도로 숙여 인사하기로 마음을 먹었다. 이렇게 작정하고 나서 퇴근 후 집에서 거울을 보고 매일 백 번씩 연습을 했다. "어서 오십시오! 안녕하십니까! 고맙습니다! 또 오십시요!"라고 큰소리를 내면서.

하지만 그가 이렇게 웃으며 인사를 하자마자 고객들이 예금을 맡기겠다고 온 것은 아니었다. 꼬박 3개월을 그렇게 했는데도 다가오는 고객은 한 명도 없었다. 객장이 쩌렁쩌렁 울릴 정도로 "어서 오십시오!"라고 인사를 하자 가장 먼저 반응을 보인 사람들은 고객이 아니라 은행의 직원들이었다. 아주 부정적인 시선으로 "깜짝 놀랐네. 너무 그렇게 가식적으로 인사하는 건 오히려 좋지 않은데"라고 눈을 흘기는 직원도 있었다.

그래도 그는 포기하지 않았다. 퇴근 후 집에서 하루에 백 번씩 3개월을 더 연습했다. 밤 12시가 넘도록 연습하는 날도 있었다. 그렇게 연습을 했는데도 별로 달라진 것은 없었다. 오히려 "남자가 너무 간사하게 보여요"라는 반응과 더불어 그렇게 인사하지 말라고 만류하는 고객들도 많았다. 하지만 그는 포기하지 않고 집에 돌아와 3개월을 더 연습했고, 은행에 출근해서는 출장소의 문 옆에 서서 인사를 계속했다.

목소리가 여우같다고 말하는 고객도 있었다. 그런 지적을 받아도 그는 오히려 '그래, 이제야 반응을 보이는구나. 여우처럼 인사하는 것으로 고객을 홀리자'라고 긍정적으로 생각했다. 이렇게 1년여 동안 인사를 하고 나자 목소리를 어떻게 내야 하는지, 고객을 진정으로 대하는 마음이 어떤 것인지 깨닫게 되었다. 그러던 어느 날, 노신사 한 분이 그에게 다가와 이렇게 말했다.

"나는 자네에게 홀렸네. 그동안 자네가 하는 것을 쭉 봐왔다네."

그러면서 그의 어깨를 두드리며 격려를 했다. 그리고 이렇게 하나둘 마음을 여는 고객들이 나타나기 시작했다. 그와 함께 이들은 자신들의 지갑은 물론 마음까지 활짝 여는 열성팬이 되어 갔다. 이런 노력 끝에 그는 출장소 내의 그 누구보다 많은 360여억 원이라는 예금을 예치했고, 신용카드 담당자보다 더 많은 카드 가입자를 유치할 수 있었다.

한원태 씨의 사례를 읽고 어떤 사람은 "에이, 나도 매일 우리 매장을 찾는 고객들에게 허리를 90도로 숙여 큰 소리로 인사를 하지만, 성과는 별로 나아진 게 없다"라고 말할지도 모른다. 혹은 어떤 사람은 "나도 해봤는데, 고객들이 전혀 반응을 하지 않더라. 그러다 보니 인사를 잘 하려는 의지도 약해져 목소리는 점점 작아지고 인사할 때 숙이는 허리의 각도도 줄더라. 사실 바쁠 때는 인사할 겨를도 없다. 그렇게 보면 한원태 씨의 성과는 분명 인사를 잘 하는 것 말고 다른 무언가가 있을 것이다"라고 말하는 사람도 있을 것이다.

하지만 한원태 씨처럼 진심에서 우러나 인사를 하면 고객은 언젠가 그 진정성을 인정하게 마련이다. 그리고 점차 호의를 보이게 마련이다. 하지만 당신 주변을 한번 살펴보라. 고객을 만났을 때 인사를 안 하는 영업인도 제법 많다. 하필 고객의 시선이 다른 곳을 향할 때 인사하는 영업인도 있다. 이런 경우 대부분은 다시 인사를 하지 않기 때문에 인사를 안 한 게 된다. 게다가 인사를 하더라도 정중하지 않게 건성으로 하는 이들은 더욱 많다.

당신은 어떤가? 밝은 미소를 띠며 진심어린 마음으로 정중하게 고개를 숙여 인사를 하는가? 밝게 웃으며 인사를 하는 것 하나만으로도 고객의 마음을 열 수 있다. 그리고 그것만으로도 당신은 얼마든지 360억, 아니 그 이상의 주인공이 될 수도 있다.

# 대화를 통해
# 호감을 얻는 방법

"말 한 마디로 천냥 빚을 갚는다"라는 말이 있다. 이 말처럼 필자는 영업인이 대화를 하는 과정에서 고객의 호감을 얻기 위해 갖춰야 할 모든 대화의 기술을 여기에 소개하고자 한다.

## 1_현대판 카사노바의 비결

고객의 호감을 얻는 대화의 기술, 첫 번째는 바로 경청이다. 우선 경청의 효과와 관련한 재미있는 사례 하나를 소개한다.

**듣고 맞장구를 치는 것이 비결이라면 비결이었죠**
수백 명의 여성을 농락한 현대판 카사노바가 어느 날 경찰서에 붙잡혀 왔다. 그 사람은 원조 카사노바와는 달리 외모도 학벌도 재력도 정말 별 볼일 없는 사람이었다. 심지어는 평균에도 못 미치는 수준이라 보통 남자들에게 위안을 줄 정도였다. 이렇게 볼품없는 현대판 카사노바에게 의구심이 생긴 형사가 너무나 궁금해서 물었다.

"도대체 당신은 무슨 수로 여자들을 유혹한 거요? 얼굴이 잘생긴 것도 체격이 건장한 것도 돈이 많은 것도 아닌 것 같은데. 혹시 밤일을 잘 하는 거요?"

형사의 이 질문에 현대판 카사노바는 의외로 간단히 대답했다.

"특별한 비결 같은 건 없습니다. 제가 남들보다 밤일을 결코 잘 하는 것도 아니구요."

"그래도 비결이 있을 것 아니요. 그렇지 않고서야 그 많은 여성들이 당신과 사랑을 나눴다는 게 난 도무지 이해가 되지 않는단 말이오."

형사가 정말 궁금하다는 듯이 이렇게 말하자 현대판 카사노바가 말했나.

"형사님, 비결이 있다면 딱 한 가지입니다. 그건 바로 그 여자들의 말을 끝까지 들어주고 필요할 때마다 적절하게 맞장구를 쳤다는 것입니다. 상대방 여자의 말이 정말로 재미없을 때에는 마음속으로 애국가를 불렀지요. 심한 경우에는 4절까지 부른 적도 있었습니다."

이는 상대방의 말을 끝까지 경청하는 것이 얼마나 큰 효과를 불러일으키는지 일깨워 주는 사례라 하겠다. 남녀 간의 경우와 세일즈는 근본적으로 다르다고 생각하는 사람도 물론 있을 것이다. 하지만 둘 사이에는 유사한 면이 아주 많다. 필자는 "맥주 한 잔 하면서 남편에 관한 이야기 등을 끝까지 들어준 후부터 막혔던 비즈니스가 술술 풀리더라"와 같은 사례를 주변에서 자주 접하곤 한다.

이처럼 언어적 요소, 즉 대화를 통해 고객의 호감을 얻는 첫 번째 방법은 경청하는 것이다. 경청! 너무나도 쉬운 일처럼 여겨지지만, 세일즈 현장에서 이것은 의외로 잘 지켜지지 않는 편이다. 그렇다면 도대체 왜 그런 것일까? 그 이유는 두 가지가 있다.

첫 번째 이유는 대부분의 영업인들이 듣기보다는 말하기만을 교육받았기 때문이다. 거의 모든 기업들은 영업인들에게 고객을 만나 상품의 특성과 장점, 편익 등을 어떻게 소개할 것인지에 대해서만 가르친다. 당연히 영입인들은 주어진 짧은 시간 동안 팔려는 상품을 어떻게 잘 설득할 것인지에 대해서만 배웠기 때문에 고객의 말을 경청하는데 익숙하지 못할 수밖에 없다.

두 번째 이유는 영업인 개개인의 성향 때문이다. 영업인 중에는 어떤 상황에서든 분위기를 주도하려는 사람들이 있다. 이런 유형을 우리는 보통 '주도형 영업인'이라고 한다. 이들은 고객의 말이 조금만 길어져도 안절부절못한다. 자신이 팔려는 상품의 특성과 편익에 대해 알려줄 정보가 너무나 많은데, 고객이 자신의 이야기만 계속 한다고 생각하는 것이다. 그래서 그들은 고객이 하는 말을 잘라 자신이 대화를 주도하는 경향이 있다.

특히 달변가이면서도 성과가 그저 그런 사람들 중에 이런 영업인이 많다. 자신의 말꼬리를 자르는 영업인에게 호감을 가질 고객이 과연 몇이나 되겠는가? 아마 거의 없을 것이다. 상품이 아무리 뛰어나고 계약조건이 아무리 탁월해도 그 고객은 자신이 무시당하고 있다고 생각하게 마련이고 불쾌감을 가질 수밖에 없다.

그렇다면 경청의 달인이 되려면 무엇을 어떻게 해야 할까? 다음과 같은 방법을 참고해 보기 바란다.

■ **경청의 달인이 되는 방법**

1. 고객의 말에 고개를 끄덕인다. 이때 고객과 눈을 맞추는 것이 중요하다.
2. 고객의 말에 "네, 그렇군요", "와~, 역시 대단하십니다"와 같은 말로 맞장구를 친다.
3. 의자를 바짝 끌어당기거나 자세를 고쳐 앉으며 고객의 말에 관심을 표시한다.
4. 고객의 말이 지루하더라도 하품이나 졸린 눈을 해서는 안 된다.
5. 적당한 단어나 방금 전에 한 말을 못 찾는 경우, 이를 연결시키는 기지도 필요하다.
6. 8020 법칙을 지켜라. 고객이 말하는 시간을 80, 내가 말하는 시간을 20으로 한다.

## 2_ 고객에 호감을 주는 대화의 기술 10가지

경청의 달인이 되었으면 이제는 고객에게 호감을 주는 화술의 달인이 돼야 한다. 화술의 달인이 되기 위해서는 여러 가지가 필요하다. 논리적인 설득의 기술을 갖출 수 있도록 FABE고객을 설득할 때 상품의 Feature(특징), Advantage(이점·장점), Benefit(혜택), Evidence(증거)를 대화 시나리오로 만들어 고객을 설득하는 방법나 ADV고객을 설득할 때 고객 유형이나 반응 유형별로 Acknowledge(인정), Defuse(문제점 약화), Value Proposition(가치 제안)의 순서로 대화 시나리오를 만들어 고객을 설득하는 방법 와 같이 대화 시나리오를 만들어 설득하는 방법이 있다.

그러나 FABE나 ADV 설득 시나리오는 대개 논리적이고 이성적인 대화로 빠지기 쉽다. 따라서 여기서는 고객과 일반적으로 대화를 할 때 호감을 줄 수 있는 10가지 감성 대화의 기술에 관해 소개하고자 한다.

■ 고객에 호감을 주는 감성 대화의 기술 10가지

1. 말할 때는 열정을 담아 온몸으로 표현하라.
2. 고객의 말을 경청하고 자주 맞장구를 쳐라.
3. 호감을 주는 목소리로 상황에 따라 목소리 톤에 변화를 줘라.
4. 대화의 시작 전이나 대화를 하는 중에 고객을 칭찬하라.
5. 고객 성향별 맞춤형 대화를 하라.
6. 고객이 맞장구치도록 만들어라.
7. 대화가 끊겼을 때 속담, 격언, 금언, 유머 등을 적절히 활용하라.
8. 고객이 기분 나쁘지 않게 거절 화법을 연마하라.
9. 알기 쉽게 설명하고 반론은 최대한 짧게 하며 고객의 말을 부정하지 마라.
10. 고객 말을 자르거나 너무 아는 척하지 마라

대부분은 부연 설명을 따로 하지 않더라도 알 수 있는 내용들일 것이다. 따라서 10가지 중에서 영업인이 왜 호감을 주는 목소리의 주인공이 돼야 하는지, 대화 시작 전이나 대화를 하는 중에 왜 고객을 칭찬해야 하는지, 고객 성향별 맞춤형 대화가 왜 필요한지, 어떻게 하면 고객이 맞장구치도록 만들 수 있는지, 유머 세일즈의 주인공이 되기 위해서는 무엇을 어떻게 해야 하는지 등에 대해 구체적으로 알아보자.

## 3_억대 연봉 텔레마케터의 비밀

우리가 하는 말에서 목소리는 정말 중요한 것일까? 그리고 호감을 주는 목소리란 무엇을 말하는 것일까? 우선 다음의 사례 하나를 보고 이야기를 이어가도록 하자.

**이은정 씨의 억대 연봉은 목소리에 있었다!**
2007년 교보 자동차보험 그랑프리상의 영예를 안은 텔레마케터 이은정 씨! 당시 그녀는 1시간에 3건씩 자동차보험 계약을 따낼 정도였다고 한다. 그런 그녀의 비결은 과연 무엇이었을까? 논리정연하게 그녀만의 특별한 화법을 구사하기 때문이었을까? 아니면 절대 포기하지 않고 가망고객을 설득하는 집념 때문이었을까?

둘 다 아니다. 모 방송사와 대학교수들이 그녀의 노하우를 분석한 결과, 그 비결이란 게 놀랍게도 목소리에 있다는 사실을 발견했다. 그녀의 목소리를 진단한 결과, 호감과 신뢰감 지수가 다른 텔레마케터에 비해 매우 높게 나왔다고 한다. 호감과 신뢰감을 주는 목소리로 그녀가 전화를 상대방이 차마 끊지 못하게끔 만들었던 것이다. 물론 단순히 호감을 주는 목소리만으로 그랑프리상을 받은 것은 결코 아니었다.

그녀의 또 다른 노하우는 목소리만을 앞세우기보다는 가망고객과 대화를 할 때 공통분모를 찾으려고 노력한다는 것에 있었다. 예를 들면, '동향의 고객을 만났을 때 사투리로 상담을 하거나 특정 지명을 이야기하는 등 친밀감을 형성하는 것'이 바로 그녀의 세일즈 비결이었다.

이렇게 대화를 풀어 나가면 가망고객이 호감을 갖게 돼 보험에 가입할 확률이 90% 이상이라고 한다. 이런 영업비결을 바탕으로 이 씨는 2006년 한 해 5,200여 건의 계약을 성사시켜 23억 원의 영업실적으로 억대 연봉의 주인공이 됐다.

-〈머니투데이〉. 2007. 5.21.

이 사례를 읽고 나서도 '과연 목소리가 좋으면 호감과 신뢰를 줄 수 있고 성과도 올릴 수 있을까?'라는 생각을 하는 사람이 많을 것이다. 이런 사람들을 위해 '메라비언의 법칙'에 대해 소개한다. 직접 만나서 고객을 설득해야 할 경우에는 사실 많은 요인들이 설득에 영향을 미친다.

그런데 알버트 메라비언이라는 심리학자에 의하면, 그중에서도 목소리가 차지하는 비중이 놀랍게도 38%나 된다고 한다. 그에 비해 태도는 20%, 내용은 겨우 7%에 지나지 않는다고 한다. 전화로 상담을 할 경우에는 목소리가 차지하는 비중이 무려 82%로 올라가는 대신 말하고자 하는 내용은 겨우 18%에 지나지 않는다고 한다. 이처럼 직접 방문해서 고객과 대화를 하든 전화로 상담을 하든 내용보다는 목소리가 더 큰 영향을 미친다.

이제 고객과 대화를 하고 있는 상황을 녹음해서 한 번 들어보라. 얼마나 정감 있는 목소리로 대화를 하는지 말이다. 결혼을 했다면 배우자에게 평가를 부탁하는 것도 좋다. 개선해야 할 점이 발견되었다면 개선이 될 때까지 반복, 또 반복하라. 그러다 보면 머잖아 정감이 있으면서도 신뢰감을 주는 목소리의 주인공이 될 수 있을 것이다.

## 4_ 왜 칭찬과 아부의 달인이 돼야 하는가?

잘 웃는 것, 인사를 잘하는 것 등은 외모와 목소리가 주는 핸디캡을 극복하고 고객의 호감을 얻을 수 있는 방법들이다. 게다가 이 방법들은 돈 한 푼을 들이지 않고도 고객의 호감을 얻을 수 있다는 장점이 있다. 그런데 이처럼 돈을 한 푼도 들이지 않고 고객의 호감을 얻고 마음을 열 수 있는 방법이 또 있다. 바로 고객을 칭찬하는 것이다.

소프트뱅크의 설립자이자 경영자인 손정의를 만든 것은 다름 아닌 "넌 일본에서 최고야. 반드시 위대한 인물이 될 거야. 너를 보고 있자니 네가 천재일지도 모른다는 생각이 드는구나"라는 아버지의 말이었다고 한다. 이것은 손정의의 아버지 손삼헌씨가 주위의 시선 따위에는 아랑곳하지 않고 자신의 아들에게 던진 칭찬 멘트였다.

생선장사에서 술장사까지 닥치는 대로 했던 아버지의 이런 칭찬에 마법에 걸린 듯 손정의는 스스로를 천재이며, 대단한 인물이 될 거라고 믿었다고 하니 칭찬의 위력이 얼마나 대단한 것인지 알 수 있다. 그리고 결국 아버지로부터 천재라는 말은 들은 손정의가 정말 천재적인 사업가가 되었다.

그런데 재미있는 것은 칭찬에는 빈부의 격차가 없다는 것이다. 재벌그룹의 회장이나 대기업의 CEO들을 상대하는 영업인들에 따르면 그들도 칭찬을 해주면 그렇게 좋아한다고 한다. 또한 백화점에 근무하는 퍼스널 쇼퍼들의 말에 의하면, 재벌그룹 회장의 사모님들에게 "패션 감각이 탁월하다", "피부가 정말 곱다"와 같은 칭찬을 해주면 어린애처럼 그렇게 좋아한다고 한다.

이처럼 칭찬은 남녀노소, 지위고하를 막론하고 모두를 기분 좋게 만드는 최고의 명약이다. 칭찬은 고래도 춤추게 한다고 하지 않던가. 미국 하버드 대학의 스키너 교수도 동물들에 대한 연구 결과를 통해, 동물도 격려와 자극을 받은 후에는 대뇌피질의 흥분센터에서 기운을 내게 하는 시스템이 작동해 행동을 변화시킨다고 발표를 한 적이 있다.

이렇듯 칭찬은 고객에 대한 당신의 존중을 표시하는 것이며, 신뢰와 정감을 전달해 주는 아주 유용한 수단이다. 그와 더불어 고객과의 장벽을 무너뜨리는 강력한 도구이자, 인간관계의 윤활유이며, 이 세상 그 무엇과도 바꿀 수 없는 가장 가치 있는 선물이다. 그러니 남을 칭찬하는 것에 절대로 인색하지 마라. 칭찬은 돈한 푼 들이지 않고도 상대의 마음을 열 수 있는 아주 유용한 수단이다.

그렇다면 칭찬의 달인이 되려면 어떻게 해야 할까? 우선 남을 칭찬하는 습관을 길러야 한다. 그러기 위해서는 먼저 자신의 가정에서부터 실천을 해보는 것이 좋다. 배우자와 자녀를 하루에 세 번씩 칭찬하라. 식사 메뉴가 달라지고 아이들의 태도도 달라질 것이다.

그런 다음, 직장에서 실천을 하라. "선배님, 오늘 헤어스타일이 너무 멋져요"나 "패션 감각이 정말 뛰어나세요", "피부가 정말 고우세요"와 같이 하루에 세 번 이상 칭찬을 하라. 이렇게 한 달만 하면, 당신은 아마 자신의 이름 대신 "칭찬왕"이나 "칭찬의 달인"으로 불릴 것이다.

이렇게 한 다음, 고객·가망고객을 대상으로 칭찬을 실천하라. 고객을 만날 때마다 칭찬거리 3가지씩 준비하라. 그런 다음엔 반드시 발사하라. 처음엔 어색해 하는 고객들도 많겠지만, 개의치 말라. 고객에 대한 칭찬이 습관화된 그 다음에 해야 할 일은 당신만의 칭찬 레퍼토리를 준비하는 것이다. 경쟁자들이 활용하고 있는 레퍼토리만으로는 경쟁자들을 물리치기 어렵기 때문이다.

따라서 칭찬 노트를 만들어 고객별로 칭찬거리가 떠오르면 메모를 해둘 필요가 있다. 고객별로 최소한 10개 이상을 만드는 것이 좋다. 이것이 증가하는 것에 비례해 세일즈 성과도 배가될 것이다. 또한 잠재고객이나 고객과 전화통화를 할 때에도 칭찬을 해야 한다.

필자는 이 책을 집필하는 도중에 어느 카드사의 모집인에게 전화를 받았다. 그리고 그와의 대화는 다음과 같이 진행되었다.

"소장님! 안녕하세요. 저는 ○○카드사의 AAA 입니다. 다름이 아니라 소장님께 저희 회사의 플래티넘 카드를 소개할까 하고 전화를 드렸습니다. 저희 회사의 플래티넘 카드 잘 아시죠?"

"네. 알고 있습니다."

"저희 카드는 아무한테나 가입을 권하지 않습니다. 소장님 같은 분들에게만 기회를 드리고 있죠. 시간을 내주시면 저희 플래티넘 카드에 대해 소개를 한 번 드렸으면 합니다."

"글쎄요. 저는 이미 비슷한 카드가 있는데요."

"그래도 저희 회사 플래티넘 카드를 제일 알아주잖아요. 그 카드를 소지하신 분들은 다들 자부심을 가지시더라구요."

"네. 그런 것 같더군요. 하지만 전 이미 비슷한 카드가 있어서요."

"소장님께서 쓰신《영업달인은 절대 세일즈하지 않는다》란 책을 읽고 많은 걸 배웠습니다. 그래서 이렇게 연락을 드리게 된 것이구요."

대화는 대략 이런 패턴으로 진행됐다. 하지만 필자는 그가 제의한 카드 발급은 물론 사무실 방문도 정중히 거절했다. 이미 비슷한 카드를 가지고 있었던 터라 부담스럽기 때문이었다. 하지만 만약 그 영업인이 다음과 같이 대화를 풀어갔다면, 어땠을까? 필자는 아마도 꼼짝없이 카드 발급을 신청했을 것이다.

"소장님! 안녕하세요. 저는 ○○카드사의 AAA 입니다. 소장님께서 쓰신《영업달인은 절대 세일즈하지 않는다》란 책을 읽고 정말 많은 걸 느꼈습니다. 세일즈를 하는 사람으로서 꼭 한 번 뵙고 멘

토로 모시고 싶습니다. 언제쯤 시간이 괜찮으세요?"

이랬다면 필자는 아마 미팅 약속을 잡았을 것이다. 필자의 책을 읽고 전화나 이메일로 연락을 한 사람들을 필자는 단 한 번도 거절한 적이 없었다. 그리고 필자의 사무실에 찾아와 그 책에 대해서 한바탕 칭찬을 한 후 마지막에 플래티넘 카드를 소개했다면 어땠을까? 아마 필자는 꼼짝없이 신청서를 작성했을 것이다.

이렇듯 전화를 통한 세일즈에서도 고객을 칭찬하면 거절할 확률이 확 줄어든다. 사실 필자와 전화통화를 했을 때 그는 카드를 소개하거나 가입을 권유할 필요조차 없었다. 책에 대해서만 칭찬을 했더라면, 필자는 방문이나 카드 신청을 거절하지 못했을 것이다. 이처럼 상품을 먼저 권유하고 나서 칭찬을 하는 것은 효과가 반감된다. 우선은 무조건 먼저 칭찬하는 게 좋다.

그러나 칭찬에 대해 대음과 같이 생각하는 영업인들이 아직도 많은 편이다. '칭찬은 손윗사람이 아래 사람에게, 지위가 높은 사람이 낮은 사람에게 하는 것 아니냐. 내가 만나는 고객들은 대부분 사회적 지위가 높고 나이도 많은 분들이라서 칭찬한다는 게 영 그렇더라'라고 말이다.

어쩌면 이런 생각을 갖는 것이 당연하다. 우리 사회에서 많은 사람들이 칭찬이란 주로 부모가 자녀에게, 선생님이 학생에게, 상사가 부하에게 하는 것으로 알고 있기 때문이다. 하지만 반드시 그래야만 하는 것은 아니다. 부하직원이 상사의 훌륭한 점이나 탁월한 성과를 올린 것에 그렇다고 말해 주는 것 역시 칭찬이다.

국어사전에서 칭찬의 뜻을 찾아보면 "좋은 점이나 착하고 훌륭한 일을 높이 평가함. 또는 그런 말"이라고 정의돼 있다. 지위가 높은 사람, 나이가 많은 사람들만의 전유물이 아니라 지위고하와 남녀노소의 구분 없이 어떤 사람이라도 칭찬은 할 수 있다. 위에서 말했듯이 재벌그룹 회장이나 대기업 CEO들도 칭찬을 해주면 그렇게 좋아한다고 하지 않던가?

그렇다면 이번에는 '그냥 칭찬의 달인이 되라고 하면 될 것이지 왜 아부의 달인도 되라고 했을까?'라는 생각을 갖는 이들이 있을 것이다. 아부가 가진 부정적인 이미지를 떠올리면서 말이다.

칭찬은 말 그대로 고객의 좋은 점, 멋진 모습, 잘한 일 등을 있는 그대로 존중해 주고 높이 평가해 주는 것이다. 예를 들면, 실제 나이보다 10년은 젊어 보이는 고객에게 "10년도 더 젊어 보이십니다. 비결이 있으시면 한 수 가르쳐 주십시오"와 같이 말하는 것이 그것이다.

그렇다면 아부는 어떨까? 실제로는 그렇지 않은데 고객의 기분을 좋게 만들기 위해 던지는 멘트를 말한다. 그다지 뛰어나거나 훌륭하지 않지만, 상대방을 기분 좋게 만들기 위해 말하는 것이 아부인 것이다.

그렇다면 '왜 아부를 잘 해야 할까?', '아부를 하면 정말 고객을 기분 좋게 만들 수 있을까?', '너무 속보이지 않을까?'와 같은 생각이 들 수도 있을 것이다.

그러나 걱정하지 마라. 아부를 잘하는 신하가 입바른 충언을 잘하는 신하보다 절대 권력자의 총애를 훨씬 많이 받았다는 역사적 사실들이 아부의 위력을 증명해 주고 있지 않은가. '저 친구가 내

비위를 맞추려고 아부를 하고 있구만'이란 생각을 하면서도 그 말이 싫지가 않기 때문이다.

영업인과 고객의 관계 역시 마찬가지다. 아부를 잘하는 영업인이 고객과 더 친밀한 관계를 구축할 가능성이 높다. 따라서 칭찬노트에 고객별로 칭찬거리, 아부거리를 메모해 둬라. 필요할 때 유용하게 활용할 수 있을 것이다.

### 5_고객 성향별 맞춤형 대화를 하라

판매왕들이 인터뷰를 할 때 빠뜨리지 않고 공통적으로 하는 말이 있다. 경제신문을 2개 이상, 매일 꼼꼼히 읽는다는 것이 그것이다. 그렇다면 그들은 왜 그런 행위를 하는 것일까? 그들이 바쁜 시간을 쪼개 경제신문을 꼼꼼히 읽는 이유는 고객과 대화를 하기 위한 목적이 가장 크다. 여러 분야에 대한 최신 정보를 많이 알아야 다양한 고객과 대화를 할 수 있을 뿐만 아니라 고객의 눈높이에 맞춰 대화를 할 수 있기 때문이다.

롯데백화점의 명품관에 근무하는 퍼스널 쇼퍼인 양유신 팀장과 같은 이가 대표적이다. 양 팀장은 고객과 만날 때 업무 얘기와 별도로 최근 경제 동향 등의 정보와 자료를 추가로 준비한다. 고객이 자신을 만나서 무언가를 더 얻어간다는 느낌을 갖게 하기 위해서다. 퇴근해서도 그녀는 다음 날 방문 예정인 고객의 관심거리를 충족시킬 대화 소재를 준비한다. 새벽 1~2시까지 정보를 수집하는 일은 다반사다.

무역 보조직으로 일을 시작해 영업직을 거쳐 한국코닝의 대표이사가 된 이행희 사장 역시 맞춤형 대화의 달인으로 통한다. 이 사장도 영업을 하던 시절, 고객을 만나기 전에 대화할 소재를 준비하는 데 많은 시간을 투자했다고 한다. 고객과 풍부한 대화를 나누기 위해서는 풀어 놓을 이야깃거리가 많아야 한다는 평소의 소신 때문이었다.

HP에서 세일즈 우먼으로 활동하면서 130억 세일즈 신화의 주인공이 됐던 한영시스템즈의 한영수 대표도 맞춤형 대화, 맞춤형 접근의 달인이라 할 수 있다. 한 대표의 대화는 주로 고객 맞춤형으로 된 독특하고 부담 없는 점심식사를 통해 이루어졌다. 한영수 대표의 사례를 한 번 보도록 하자.

### 건강을 소재와 식단로 풀어가는 대화의 기술

나는 암이라는 큰 병을 치르고 나서 건강에 대해 열심히 공부한 사람이다. 다년간 책 읽기, 강연 듣기, 민간요법 체험하기 등으로 노하우를 준비하고 무장했다. 그래서 고객을 만나면 거의 5분 안에 성격과 체질을 파악한다.

그에 따라 고객이 좋아하고 고객에게 맞는 음식 위주로 식사를 한다. 이럴 경우 고객에게 점수를 따는 건 시간문제다. 밥을 먹으며 건강과 관련된 이런저런 얘기까지 들려주면, 고객들은 내게 귀를 기울이고 호감을 갖게 마련이다. 고객의 체질을 파악해 나름대로 적절한 점심 메뉴를 짜고 대화하는 법을 살짝 공개하면 이렇다.

심장이 좋지 않은 사람은 볼터치를 한 것처럼 빨갛고 약간의 우울증과 조

울증 증상들을 가지고 있고 완벽주의자거나 분노가 많은 편이다. 그들에겐 찬 음식류가 좋다. 간이 좋지 않은 사람은 여지없이 눈 밑에 다크써클이 있고 시도 때도 없이 욱하는데 단백질이 듬뿍 든 음식(단백질 흡수를 돕는 야채도 함께)과 어패류가 좋다.

폐가 좋지 않은 사람은 안색이 하얗고 윤기가 없으며 따지기를 좋아하고 비평가적인 성향이 강하다. 매운 낙지나 얼큰한 탕을 먹자고 하면 아주 좋아한다. 위가 좋지 않은 사람은 안색이 약간 노랗거나 하야면서 윤기가 없다. 시도 때도 없이 트림을 많이 하면 위에 염증이 있다는 뜻인데, 사실 위 세포는 3일이면 재생되기 때문에 약을 먹을 필요 없이 그냥 며칠 굶으면 싹 낳는다고 말해 준다. 맛있는 죽집으로 모시고 위에 좋은 약제를 선물하면 고객은 감동을 먹고 그 자리에서 쓰러진다.

— 《남자보다 세일즈》, 한영수 著

한 대표는 이렇게 고객의 건강에 맞춘 맞춤형 식사를 하면서 고객의 건강과 관련한 맞춤형 대화를 했다. 이 정도의 세심한 배려에 호감을 갖지 않을 고객이 과연 몇이나 될까? 한 대표의 호감을 얻는 또 다른 대화법은 밥 먹을 때 절대로 공장이나 비즈니스 얘기를 하지 않는다는 것이다. 비즈니스 얘기는 커피 마실 때, 그것도 일어나기 딱 5분 전에 했다고 한다.

텔레마케터들 사이에서도 맞춤형 대화를 통해 성과를 올리는 이들이 있다. 앞서 소개했던 이은정씨의 경우처럼 동향 사람을 만났을 때, 사투리를 사용하는 방법이 좋은 예다. 동양생명에서 남성 텔레마케터로 2010년 판매왕을 차지한 김형준 팀장이 그 대표적이라 하겠다.

그의 비결도 다름 아닌 맞춤형 대화에 있었다. 김 팀장은 고객과 대화를 할 때 대화 매뉴얼에 따라 대화를 하지 않는다. 고객이 정말 필요로 하는 것에 진심어린 관심을 보이며 얘기를 이끌어갈 뿐이다. 이런 맞춤형 대화법이 고객의 호감을 이끌어내는 원동력으로 작용했기 때문에 동양생명의 텔레마케터 역사상 남성으로는 처음으로 판매왕의 영예를 차지할 수 있었던 것이다.

## 6_ 고객이 맞장구치도록 만들어라

고객이 당신의 말에 의자를 끌어당기면서 "그렇군요", "와, 그래서요?", "대단하군요"와 같이 맞장구를 친다면 당신에게 호감을 가지고 있다는 명백한 증거다. 그런데 이런 상태를 만들기 위해 필요한 대화의 기술은 크게 두 가지가 있다.

그 첫 번째는 자신이 파는 상품에 대해 되도록 적게 이야기를 하는 것이다. 렉서스의 인천지역 딜러인 삼양 모터스에서 2007년 판매왕을 차지한 최용민 부장처럼 말이다. 차를 파는 직업에 종사하면서 고객들에게 차에 관한 이야기를 별로 하지 않는다는 것이 언뜻 이해하기 어려울 것이다.

하지만 최 부장은 "고객과 차 이야기만 하면 정말 차만 파는 관계로밖에 남지 않는다"면서 "세상 돌아가는 이야기나 정치 이야기, 경제 이야기 등 다양한 관심사에 대해 이야기하면서 친해지는 것이 더 중요하다"고 말한다. 즉, 차를 파는 직업이지만 그밖에도 세상 돌아가는 이야기를 많이 알아야 자신의 말에 고객이 공감하게 만들 수 있다는 것이다.

그래서 최 부장은 공부도 많이 한다. 아침에 일찍 일어나 신문 2개를 꼼꼼히 읽고, 방송에서 나오는 뉴스는 반드시 체크한다. 게다가 매주 주말에는 책을 꼭 읽는다. 자신이 하는 말에 고객이 고개를 끄덕이며 맞장구치도록 만들기 위해서다.

그 두 번째는 자신이 파는 상품을 어떻게 효과적으로 설명해 고객이 맞장구치도록 만들 것인가다. 그렇다면 고객이 연신 고개를 끄덕이며 당신 말에 맞장구를 치도록 하기 위해서는 어떻게 해야 할까? 다음과 같은 5가지를 명확하게 말할 수 있어야 한다.

■ 당신 말에 맞장구를 치게 만드는 5가지 방법
1. 고객이 안고 있는 이슈를 명확히 하라
2. 기대되는 혜택을 명확히 하라
3. 구체적인 데이터를 제시하라
4. 반드시 고객의 언어로 말하라
5. 구매를 한 후 행복감을 느낄 수 있다는 확신을 심어 줘라

그런데 필자가 이와 같은 5가지 습관을 길러야 한다고 말하면 자신이 없다고 말하는 영업인들이 의외로 많다. 천재 화가로 알려진 피카소는 "재능이 뛰어나면 보통 사람보다 10배의 성과를 올릴 수 있지만, 어떤 일에 집중하면 1,000배의 성과를 올릴 수 있다"라는

말을 했다. 그의 말처럼 말을 잘하는 재능을 가지지 못한 영업인이라도 위와 같은 5가지에 집중해서 고객과 대화하려고 노력한다면 얼마든지 고객에게 맞장구를 치게 할 수 있다. 단, 이런 상황에서도 반드시 지켜야 할 원칙이 있다. 고객을 절대로 가르치려 해서는 안 된다는 것이다.

## 7_ 유머 세일즈의 달인이 되는 5가지 방법

당신이 잘 웃는 것은 물론 고객을 잘 웃길 수 있다면 금상첨화다. 세일즈의 모든 과정에서 유머는 아주 효과적으로 고객의 마음을 여는 수단이 된다. 그렇다면 어떻게 하면 고객을 잘 웃길 수 있을까?

무엇보다도 준비와 노력이 필요하다. 순발력이 없는 영업인이라도 물론 유머 세일즈의 달인이 될 수 있다. '이런 상황에서 저런 말을 하니까 웃더라'와 같이 자신만의 레퍼토리를 준비해서 활용한다면 말이다.

그렇다고 해서 너무 의도적으로 웃기려 한다는 느낌을 갖게 하면 안 된다. 또한 금기시 하는 영역은 피해야 한다. 종교, 인종, 성차별적인 요소가 담긴 유머는 삼가야 한다. 그렇다면 유머 세일즈의 달인이 되기 위해서는 어떻게 해야 할까?

■ 유머 세일즈 달인이 되는 5가지 방법

1. 유머 레퍼토리를 만들어라.

2. 유머는 타이밍, 대화 시 적절하게 레퍼토리를 활용하라.

3. 소도구를 활용하라

4. 최신 버전으로 업데이트 하라

5. 먼저 웃지 말고 유머가 통하지 않아도 포기하지 마라

유머 세일즈 달인이 되는 첫 번째 방법은 자신만의 유머 레퍼토리를 만드는 것이다. 개그맨이나 개그우먼들의 우스운 말을 인용하거나 과거에 재미있었던 경험담, 실생활과 관계가 있는 유머도 훌륭한 레퍼토리가 된다. 자신의 경험담을 이야기할 때는 자신을 깎아내리거나 약점을 반전시키는 것도 효과적이다.

가령, 뚱뚱한 영업인이라면 고객에게 "제가 이래봬도 왕년에는 니는 돈까스처럼 날렵했습니다. 홍금보가 제 수제잡니다"라고 말하거나 작성한 제안서의 철자가 틀린 경우, "어? 'ㅋ' 녀석이 도망쳐 버렸네요? 요 녀석은 끝부분에 있어 그런지 가끔씩 제 눈을 피해 도망을 치네요" 라는 식으로 말이다.

유머 레퍼토리를 만드는 방법 중에 가장 많이 활용될 수 있는 것이 바로 단어 맞받아치기이다. 예를 들면 다음과 같이 말이다.

**고　객:** 이제 감이 좀 잡히는 군요.

**영업인:** 그래요? 어떤 감이죠? 단감인가요? 홍시인가요?


**고　객:** 수고 많으셨군요.

**영업인:** (고스톱을 좋아하는 고객에게) 예~ 지난번에 수없이 쓰리고를 했습

니다.

**고 객:** 이렇게 비가 억수같이 쏟아지는데 오시느라 고생하셨습니다.
**영업인:** 예. 제 닉네임이 억수라서 이 정도 비엔 끄떡없습니다.

이렇게 말했다가 오히려 분위기가 더 썰렁해질 거라고 생각하는 사람도 있을 것이다. 물론 그럴 수도 있다. 그러나 고객을 웃기려면 그런 상황을 극복해야 한다. 용기를 가지고 계속 도전해야 고객을 웃게 만들 수 있기 때문이다.

두 번째 방법은 타이밍을 잘 맞춰야 한다. 아무리 웃기는 레퍼토리라도 타이밍이 좋지 않으면 낭패를 보기 쉽다. 따라서 대화 중간에 양념처럼 준비한 유머 레퍼토리를 살짝살짝 끼워 넣는 기지가 필요하다. 그런데 이것은 말은 쉽지만, 실전에서는 고도의 테크닉이 필요하다.

그렇다면 어떻게 하면 타이밍을 잘 맞출 수 있을까? 방법은 하나다. 준비한 유머 레퍼토리를 자주 사용하는 것이다. 준비한 유머 레퍼토리를 여러 상황에서 자주 사용한 후 고객이 잘 웃는 레퍼토리를 그 당시의 상황과 함께 기록하거나 기억해야 한다.

세 번째 방법은 소도구를 활용하는 것이다. 대표적인 예가 마술이다. 어떤 영업인들은 고객을 즐겁게 하고 웃음을 선사하기 위해 마술을 활용한다. 목동 야구장에서 관중들에게 웃음을 선사하는 턱돌이의 경우도 소도구를 활용해 웃음을 선사하는 경우라고 할 수 있다. 앞에서 소개한 현대해상의 2007년 판매왕인 김휘태 씨도

의상을 통해 웃음을 선사하는 경우다.

네 번째 방법은 유머 레퍼토리도 최신 버전으로 업데이트 시켜야 한다는 것이다. 대학 축제나 미팅 때 써먹었던 올드 버전의 유머로 고객에게 신상품을 소개할 수는 없지 않은가. 웃음은 시대에 따라 변한다. 따라서 유머 레퍼토리도 트렌드에 맞춰 지속적으로 업데이트 해야 한다. 다음과 같이 말이다.

**영업인:** 산토끼의 반대말은 뭘까요?

**고객 1:** 집토끼 아닌가요?

**영업인:** 에이 30점이네요.

**고객 2:** 그럼 끼토산?

**영업인:** 에이, 아닙니다.

**고객 3:** 죽은 토끼?

**영업인:** 에이, 정답은 판토끼입니다.

**고객 1, 2, 3:** 하하하!

마지막으로 다섯 번째 방법은 먼저 웃지 말고 유머가 통하지 않아도 포기하지 말아야 한다. 방금 소개한 산토끼의 반대말과 같은 유머를 구사했을 때, 고객이 썰렁한 표정을 짓는다고 포기하면 안 된다. 유재석, 강호동 같은 최정상의 개그맨들도 이런 상황을 수백 번씩 경험했다고 한다. 한두 번 썰렁한 분위기였다고 포기하면 절대로 고객을 웃길 수 없다.

기업 입장에서도 유머 감각이 뛰어난 영업인을 확보하는 것은 물론 그들의 유머 감각을 높여 주기 위한 노력이 필요하다. 이를 위해서는 2가지 접근 방법이 필요하다.

첫 번째는 '유머경영'으로 유명한 사우스웨스트 항공처럼 유머 감각이 뛰어난 사람을 채용하는 것이 해법이 될 수 있다. 맨뒤에서 소개할 감성 세일즈 역량을 평가하는 방법을 활용해 유머 감각이 뛰어난 사람을 채용한다면 세일즈 성과 또한 확실히 좋아질 것이다.

두 번째는 기존 영업인들의 유머 감각을 높이기 위해 유머 세일즈 경연대회와 같은 것을 여는 것도 방법이다. 이달의 미소퀸 선발대회나 세일즈 성공사례 발표회와 같은 행사를 개최하는 방법이 바로 그것이다.

## 03_
고객에게 팔아야 할 두 번째:
# 열정

E M O T I O N A L
S       A       L       E       S

01 왜 열정을 팔아야 하는가?
02 열정이 차이 나는 2가지 이유
03 열정이 넘치는 영업인이 되기 위한 4가지 방법
  1_ 긍정의 DNA를 이식하라
  2_ 매사에 최선을 다하라
  3_ 자부심을 가져라
  4_ 고객을 위해 헌신하라

# 왜 열정을 팔아야 하는가?

《백만불짜리 열정》을 집필했던 GE코리아의 이채욱 회장은 자신이 성공할 수 있었던 첫 번째 요건으로 열정을 꼽는다. 1980년대 들어서야 비로소 전기가 들어왔던 벽지 산골에서 면서기를 꿈꾸던 소년이 글로벌 기업의 CEO가 되기까지 드라마틱한 도전과 승리의 길을 걷게 한 원천이 바로 '열정'이었다고 한다.

다양한 업종에서 판매왕에 오른 영업달인들도 마찬가지다. 영업달인들도 성공의 가장 중요한 원천으로 한결같이 열정을 꼽는다. 헤아릴 수 없을 만큼 거절을 당하고 때로는 모멸감을 느낄 정도로 냉대를 받아도 꿋꿋이 이겨낼 수 있는 원동력이 바로 자기 자신과 가족, 그리고 세일즈와 고객에 대한 열정이었다면서 말이다.

이런 영업달인들 중에는 그 열정을 주제로 해서 책으로 출간한 이들도 많다. 현대자동차의 판매왕 최진성 씨는《아름다운 열정》,

27세에 현대자동차의 최연소 판매왕에 등극하고 최단 기간에 판매장인이라는 타이틀을 차지한 원광희 씨는《열정이 이긴다》, 세계 100대 영업인으로 꼽힌다는 제프리 지토머는《세일즈 시크릿 열정》, 프루덴셜생명보험에서 가장 존경받는 세일즈 선배로 불리는 김철웅 씨는《미쳐야 산다: 신념으로 진화하고 열정으로 비상하라》라는 책을 출간했다.

그들은 모두 그 책들에서 성공 노하우로 열정을 꼽았다. 이런 현상은 100년 전이나 100년 후에도 아마 지속될 것이다. 열정이야말로 시대를 초월해 영업달인으로 가기 위한 불멸의 원천이기 때문이다. 변두리의 4.5평짜리 초미니 약국이라는 입지의 불리함을 극복하고 성공 신화를 쓴 육일약국 김성오 약사의 성공 원천 역시 열정이었다. 김성오 약사가 오직 열정 하나만으로 성공 신화를 쓴 사례를 한 번 보도록 하자.

열정은 어떤 악조건도 이긴다!

김성오 약사는 1983년 당시 마산의 변두리였던 교방동에 4.5평짜리 초미니 약국을 창업했다. 1980년대 중반까지만 해도 육일약국이 있던 곳은 시내버스에서 내려 15분이나 걸어 올라가야 하는 곳이었다. 그러나 이렇게 외진 곳에서 볼품없는 4.5평짜리 초미니 약국으로 출발했지만, 나중에 마산역 앞으로 이전할 때는 약사 수가 13명이나 되는 대형 약국으로 성장했다. 이런 성공 신화의 원동력은 열정을 바쳐 서비스의 품질을 높였기 때문이었다.

김성오 약사가 육일약국을 창업한 조기에는 아무리 기다려도 찾아오는 고객이 별로 없었다. 고객이 찾질 않으니 하루 종일 자리에 앉아서 '왜 손님이 오지 않을까' 하고 고민하는 것이 김 약사의 주된 일과였다. 그는 '약국이 작다고 약의 효능이 떨어지는 것도 아닌데, 내가 이래봬도 대한민국 최고 약대를 졸업한 약사인데, 왜 사람들이 우리 약국 문을 열지 않는 것일까?'를 수없이 고민했다.

그렇다면 김성오 약사는 이 난국을 어떻게 타개했을까? 난국 타개책은 두 가지였다. 하나는 '물건을 팔기보다 정성을 팔겠다'라는 마인드였고, 다른 하나는 초미니 약국을 교방동 일대의 랜드마크로 만들어 고객이 스스로 찾아오도록 만드는 것이었다.

이를 위해 김 약사가 맨 먼저 실천한 것은 약국을 찾는 고객들에게 앉기를 권하는 것이었다. 가벼운 몸살약 하나 사러 왔다며 앉는 것에 부담을 느끼는 사람에게도 그는 드링크 한 병을 건네며 의자에 앉기를 권했다. 앉는 것의 효과는 생각보다 컸다. 고객들이 "○○약 주세요"가 아니라 "3일 전부터 목이 아프고~"라며 자신의 증상을 설명하기 시작했다. 물론 김 약사는 정성을 다해 고객의 궁금증이 해소될 때까지 설명을 해주었다.

그리고 이렇게 의자에 고객이 앉게 되면서부터 작은 변화가 생겼다. 의자에 앉은 고객들은 자신의 질병에 관한 내용뿐 아니라, 스트레스를 받은 일에서부터 자녀의 진학상담에 이르기까지 시시콜콜한 이야기를 줄줄이 꺼내 놓기 시작한 것이다.

게다가 오랜 시간 상담을 통해 약을 지어간 고객들은 병의 진행 상태와 약의 효능을 상세히 들었기 때문에 약을 잘 챙겨 먹었다. 차도가 빠를 수밖에 없었다. 그리고 빠른 효과를 본 사람들은 누가 시키지 않아도 스스로 약국의 홍보맨이 되었다.

그와 더불어 육일약국을 교방동 일대의 랜드마크로 만들기 위한 노력 역시 열정이 없었다면 불가능한 일이었다. 김 약사는 마산 시내에서 택시를 타고 약국으로 갈 때마다 어김없이 "육일약국 갑시다"라고 말했다.

그럴 때 마다 택시 기사들은 "그 약국이 어데 있는 겁니까?"라고 되묻곤 했다. 당연한 질문이었다. 변두리에 있는 초미니 약국을 아는 택시 기사는 단 한명도 없었으니까. 김 약사는 자신의 친구들은 물론 약국을 이용하는 고객들에게도 자신과 똑같이 해달라고 부탁했다.

이런 노력을 기울인 지 1년여가 지난 어느 날, 김 약사는 놀랄만한 경험을 하게 되었다. 시내 중심가에서 택시를 탄 김 약사가 "육일약국 갑시다"라고 목적지를 말하자 택시 기사가 아무런 질문도 하지 않았던 것이다.

몹시 궁금해진 김 약사가 다시 질문을 던졌다. "기사님! 육일약국이 어데 있는지 아십니까?"라고 물었더니 "그럼요, 잘 알죠. 마산 시내 택시 기사 중에 육일약국 모르면 간첩 취급받습니데이"라고 말했다고 한다.

그는 동네 근처에 약국이 있다는 것을 알리기 위한 노력도 전방위적으로 했다. 약국의 내·외부 조명을 엄청 훤하게 하는 방법을 통해서였다. 그는 통상적으로 4.5평 규모의 가게에 설치할 형광등의 수보다 몇 배나 더 많은 형광등을 설치했다. 간판과 옥외 조명도 상상을 초월할 정도로 밝게 했다. 형광등을 설치하러 온 전기업자조차 왜 이렇게 많은 형광등과 조명을 설치하느냐며 되물을 정도였다.

김 약사가 이렇게 상식을 초월하면서까지 약국 내외부의 조명 시설을 설치하면서 노린 건 딱 한 가지였다. 교방동 시내버스 종점에서든 자기 집에서든 어느 곳에서 보든 불빛이 대낮처럼 밝은 곳이 바로 육일약국이라는 것을 고객은 물론 잠재고객들의 머릿속에 자리잡게 만들기 위해서였다.

-《육일약국 갑시다》, 김성오 著

이런 육일약국의 사례는 점두판매를 하고 있는 영업인들에게 시사하는 바가 크다. 은행이든 백화점이든 마트든 가전판매점이든 점두판매를 하는 대부분의 영업인들은 판매가 부진한 원인을 입지와 상권이 좋지 않다거나 매장이 경쟁업체에 비해 규모가 작기 때문이라고 말하곤 한다.

하지만 육일약국의 사례를 보면 입지나 상권, 매장의 규모 같은 것보다 자신의 열정이 부족한 것이 첫 번째 이유임을 알 수 있다. 물론 육일약국의 김성오 약사 외에도 다양한 업종, 수많은 기업에서 판매왕의 경지에 오른 영업인들 치고 열정이 넘치지 않는 이들은 거의 없다.

그렇다면 다시 한 번 생각해 보자. 영업인은 왜 고객에 열정을 팔아야 하는가? 판매왕이나 영업달인들 모두가 열정이 넘치기 때문일까? 어떠한 환경에 처해 있더라도 사람을 성공으로 이끄는 강력한 에너지이기 때문일까? 영업달인들이 이구동성으로 강조하기 때문일까?

그러나 그보다 더 중요한 이유는 어떤 고객이든 열정이 넘치는 영업인에게 호감을 갖기 때문이다. 고수는 고수끼리 통한다는 말이 있듯, 특히 성공한 고객일수록 열정이 넘치는 영업인을 선호한다. 물론 이런 사실을 모르는 영업인은 이 세상에 한 사람도 없을 것이다.

그렇다고 해서 영업인 누구나 열정이 넘치는 것은 아니다. 대개 영업 입문 초기에는 누구나 열정이 넘치게 마련이다. 하지만 시간이 지날수록 식어 가는 경우가 많다. 그렇다면 열정을 가지라고 지속적으로 교육하면 효과가 있을까? 물론 교육을 하지 않은 것보다는 나을 것이다.

하지만 반짝효과에 그치는 경우가 많다. 따라서 처음 일을 시작했을 때의 뜨거운 초심을 잃지 않고 열정으로 자신을 무장시키려는 노력이 필요하다. 열정 하나만 있어도 영업인으로서 절반은 성공했다고 해도 과언이 아니기 때문이다.

## 02 열정이 차이 나는 2가지 이유

영업인마다 열정이 차이가 나는 이유는 크게 두 가지다. 하나는 원초적 요인이고, 두 번째는 환경적 요인이다.

원초적 요인이란 말 그대로 영업인 개인의 성향적인 요인을 말한다. 개인의 성향에 따라 매사에 긍정적이고 적극적이며 열정적인 사람이 있는가 하면, 어떤 일이든 비판적이고 부정적이며 집중하지 못하고 금방 싫증을 내는 사람이 존재한다. 그렇기 때문에 영업인을 채용할 때 열정적이냐 그렇지 않느냐를 평가하는 것은 대단히 중요하다.

환경적 요인이란 개인 간의 차이도 있겠지만, 영업에 입문한 배경에 따라 세일즈에 대한 신념과 열정이 천차만별이다. 이처럼 환경적 요인에 따라 열정의 차이가 존재하는 것은 다음과 같은 몇 가지 유형의 영업인이 존재하기 때문이다.

1. 차출형

2. 정거장형

3. 별동대형

4. 비전형

첫 번째 유형인 차출형은 기업의 구조조정 시 생산, 품질 등의 지원부서에서 영업부서로 보직이 바뀐 영업인을 말한다. 이들은 대개 '회사를 위해 나름대로 정말 열심히 일했는데 내가 밀렸구나. 그렇다고 회사를 때려치자니 생계가 막막하고, 어쨌든 영업부서에서 다시 한 번 열심히 일해 봐야지'와 같은 심리로 세일즈에 임한다. 하지만 실제로 열정을 가지고 일하는 사람은 그리 많지 않다. 일단 사기가 꺾인 데다 영업 현실이 그리 만만치 않기 때문이다.

두 번째 유형은 정거장형이다. 나중에 창업을 준비하고자 몇 년 동안 세일즈를 배운다든지 먹고 살기 위해 또는 살림에 보탬을 주기 위해 영업직이라도 좋다는 스타일이다. 보험 세일즈, 우유나 요구르트 배달, 학습지 교사, 정수기 세일즈 분야에서 일하는 사람들 중에 이런 유형이 많다.

이들 대부분은 '열심히 돈을 벌어 빨리 창업하고 싶다'거나 '애들 학원비나 보태야지'와 같은 심리를 가진다. 이들 중에도 물론 열정이 넘치는 사람들이 있다. 개인의 성향상 무슨 일을 하던 열정이 넘치는 이들이 있기 때문이다.

그러나 대부분은 잠시 스쳐 지나가는 일이라고 생각하기 때문에 열정이 별로 없다. 창업을 하기 위한 세일즈를 하는 사람의 예를 들어보자. 만약 이 사람이 3년 후에 창업할 것을 염두해 적당히 세일즈를 한다고 치자. 이 사람은 아마도 본인이 창업하게 됐을 때에도 열정적으로 고객을 대할 수 없을 것이다. 열정이라는 DNA가 자신 안에 자리잡지 못하고 있기 때문이다. 열정이라는 DNA는 내 몸 안의 근육을 키우듯 평소에 키워야지 결코 갑자기 만들어지는 것이 아니다.

세 번째 유형은 별동대형이다. 일부 기업에서는 실적이 낮은 사람들을 선별한 후 보직을 주지 않은 채 일정 기간 세일즈 성과를 창출하라고 요구하기도 한다. 그런 다음, 목표를 달성한 사람들은 다시 보직을 주고 그렇지 못한 사람들은 대기발령이나 권고사직과 같은 방법으로 회사를 떠나게 한다. 이들 대부분은 초기에는 '내가 여기서 밀리면 끝이구나. 정말 이를 악물고 열심히 해서 뭔가를 보여 줘야지'와 같은 심리로 일한다. 하지만 대개는 시간이 지날수록 의지가 약해진다.

필자는 이런 별동대형을 대상으로 하는 영업력 강화 프로그램에 가끔씩 교육을 나가는데, 이들을 만날 때마다 느끼는 공통점이 한 가지 있다. 강의가 시작된 지 10분이 채 지나지 않아서 어떤 이들이 6개월~1년의 시간이 지난 후 다시 보직을 받게 될 것인지 알 수 있다는 것이다.

교육을 하다 보면 강의에 임하는 자세, 눈빛 하나하나가 보통 사람들과는 전혀 다른 사람들이 눈에 쏙쏙 들어온다. 이들은 강의실의 맨 앞줄에 앉아 아주 열정적으로 강의를 듣고 쉬는 시간이면 질문을 한다. 물론 이들은 강의만 열정적으로 듣는 게 아니다. 그런 사람들 대부분은 세일즈 성과를 창출하기 위해 이전보다 더 열정적으로 활동한다.

네 번째 유형은 비전형이다. 이들은 대개 세일즈를 천직으로 생각하는 스타일로 '기업의 꽃은 영업이다', '세일즈가 적성에 잘 맞는다', '책상에 가만히 앉아 있으면 병이 날 것 같다', '밖에서 고객을 만나고 부딪치는 일이 내겐 훨씬 잘 어울린다'라는 생각을 가지고 있다. 이런 유형의 영업인들은 앞의 세 부류와는 달리 세일즈 자체에 재미를 느끼기 때문에 다른 유형의 영업인들에 비해 훨씬 열정적이다.

당신은 지금 어떤 유형의 영업인인가? 차출형인가? 정거장형인가? 별동대형인가? 사실 당신이 어떤 유형인지는 그리 중요하지 않다. 어떤 상황에서 세일즈를 하게 됐든 가장 중요한 것은 세일즈에 임할 때 가지는 열정이다. 세일즈 기술이야 책이나 교육, 코칭을 통해서 배울 수 있지만, 열정은 남이 채워 주는 것이 아니다. 열정은 자신만이 채워 넣을 수 있는 에너지이며, 자가발전의 열쇠다. 어떤 상황에서 어떤 상품을 팔든 가망고객과 고객에게 열정을 먼저 팔아야 하는 이유가 바로 여기에 있다.

# 열정이 넘치는
# 영업인이 되기 위한 4가지 방법

**1_ 긍정의 DNA를 이식하라**

 심리학자 섀드 헴스테터에 따르면, 사람들은 하루에 깊이 자는 시간을 빼고 보통 20시간 동안 5~6만 가지의 생각을 한다고 한다. 오만 가지 생각을 한다는 말이 딱 맞는 셈이다. 그런데 문제는 이런 생각의 85%가 부정적인 생각이라는 데 있다.
 이 세상에서 가장 긍정적인 사람을 꼽으라면 발명왕 에디슨을 꼽을 수 있다. 그는 전구를 발명하기 위해 무려 1만 5천 번이나 실패했지만, 좌절하지 않았던 긍정 DNA의 소유자였다. 만약 그가 보통 사람이었다면, 실패했을 때마다 하루에 오만 가지 부정적인 생각에 빠졌을 것이다. 하지만 그는 부정적인 생각 대신 새롭게 도전하는 긍정 DNA를 자신 안에 이식시켰다. 오늘날 모든 사람들로부터 발명왕이라 불리는 핵심 원천은 거기에 있다.

수학자들은 실패를 확률로 말하고 과학자들은 실패를 실험이라고 말한다. 그렇다면 영업인들은 거절을 무엇이라고 부를까? 실패, 또는 패배라고 부르는 이가 대부분이다. 그런데 이를 계약을 위한 과정 혹은 투자라고 말하는 사람도 있다.

그들은 이를 확률의 법칙에 빗대어 말한다. 이들은 7~8번 거절을 당해도 절대로 좌절하지 않고 희망을 버리지 않는다. 거절을 당하면 당할수록 계약을 따낼 가능성이 더 높아진다고 굳게 믿기 때문이다.

그렇다면 희망은 어디에서 오는 것일까? 박성철 씨의 책《중학생 인생 수업》의 한 구절을 보자.

"인간은 숨을 쉬지 않고도 8분 동안 살 수 있다. 물을 한 모금도 마시지 않고 3일 정도는 살 수 있고 아무 것을 먹지 않고도 무려 40일 동안 살 수 있다. 하지만 희망이 없으면 어떨까? 단 1초도 살 수 없는 존재가 바로 인간이다"

어떠한 외부적인 요소보다 우리 안에 내재된 희망이라는 정신적인 요소가 절대적인 것임을 우리는 이 구절에서 알 수 있다. 그런데 희망이란 무엇보다 긍정에서 비롯된다. 따라서 열정이 넘치기 위해서는 우선 어떤 상황에서도 포기하지 않는 긍정적 사고가 필요하다.

당신이 앞에서 언급했던 어떤 유형의 영업인이건 자신의 현재 상황에 비관해서는 안 된다. 그럴 때에도 긍정적인 마인드로 세일즈에 임해야 한다. 매사에 비판적이고 부정적인 시각은 스팸 메일과 다를 것이 없다. 따라서 당신은 이를 지금 바로 송두리째 버려야 한다.

긍정 DNA는 천성적으로 타고나는 것이 아니다. 후천적으로 이식이 가능하다. 프로이트는 3,000번 이상 세뇌해야 바로소 긍정의 의식화가 실현된다고 주장했다. 따라서 하루에 백 번이든 천 번이든 당신 안에 긍정 DNA를 이식시키기 위해 노력해야 한다. 그래야 발전과 도약의 기회를 잡을 수 있다.

## 2_ 매사에 최선을 다하라

대부분의 영업인들은 계약을 하거나 상품을 구매할 가능성이 큰 가망고객에 대해서는 최선을 다한다. 그러나 기존고객들에 대해서는 성의를 다하지 않는 경우가 많다. 더 이상 구매할 마음이나 여력이 없다고 판단하기 때문이다.

그러나 한 통계에 의하면 신규고객을 확보하는 것보다 기존고객을 유지시키는 것이 80%나 효율적이라고 한다. 기존고객에게서 교차구매와 추가구매는 물론, 신규고객을 추천받을 수 있기 때문이다.

그런데 신규고객을 개척하는 과정에서도 영업인마다 차이가 크다. 아무런 준비도 없이 고객을 만나는 영업인들이 의외로 많다. 고객을 만나기 전에 고객에 대한 사전 조사는 물론 고객이 원하는 상품에 대한 니즈, 최근의 관심 사항 등도 알아야 상담을 원활하게 진행할 수 있다. 고객과 맞춤형 대화를 하기 위해 새벽까지 인터넷을 검색한다고 앞서 소개했던 롯데백화점 명품관 애비뉴엘의 양유신 팀장처럼 말이다.

육일약국의 김성오 약사 역시 매사에 정성을 다하는 태도로 고객의 전폭적인 신뢰를 받았던 사람이었다. 김 약사는 약국 문을 열고 들어와 길을 묻는 사람들에게까지 친절히 목적지를 안내했다고 한다. 만약 당신이 점두에서 무언가를 팔고 있다고 가정하자. 가게 문을 열고 들어온 낯선 노인네가 당신에게 메모지를 꺼내 어딘지 알려 달라고 한다면 어떻게 할 것인가?

가게 문을 열고 나와서 "큰 길을 따라 100m 내려가다가 사거리에서 우회전 한 후, 약 200m 쯤 직진하면 ○○은행이 나옵니다. 거기에서 횡단보도를 건너신 후, 약 100m 정도 가면 됩니다"라고 안내할 것인가? 대개는 아마 그럴 것이다. 물론 바쁘다는 핑계로 죄송하다며 길 안내를 사양할 수도 있다.

하지만 김성오 약사는 약사 가운을 벗고 약국 문을 잠근 다음, 직접 목적지까지 안내하는 배려를 했다. 고객이 아닌 잠재고객들에게까지 약국 일과 관계가 없을지라도 최대한 친절을 베푸는 일, 즉 정성을 다하는 자신의 태도가 고객의 마음을 얻는 일이라고 그는 생각했던 것이다.

'이만큼이면 됐어'라고 생각하는 순간 당신은 바로 뒤쳐지기 시작한다. 따라서 처음 계약을 따낼 때의 정성으로 고객은 물론 잠재고객을 대해야 한다. 이같이 매사에 최선을 다하는 태도가 고객에게 열정적인 영업인으로 평가받을 수 있는 원천이기 때문이다.

### 3_자부심을 가져라

세일즈라는 직무 자체에 자부심을 갖는 것도 열정이 넘치는 영업인이 되는 데 있어 아주 중요한 원천이 된다. 그러나 그렇지 못한 영업인들이 의외로 많다. 그들은 자신이 파는 상품을 친구나 친인척 등 자신의 주변 사람들에게조차 권유하기를 꺼린다.

도대체 동창회에 나가 자신이 영업인이라고 떳떳하게 명함을 건네지 못할 이유가 무엇인가. 세일즈는 기업의 꽃이다. 팔지 못하는 기업은 도태될 수밖에 없다. 무엇을, 어떤 계기로 파느냐는 중요치 않다. 가장 중요한 것은 자신이 파는 상품과 자신의 세일즈 활동 그 자체에 자부심을 가지는 것이다.

더구나 세일즈는 이제 어떤 업종을 불문하고 해당 업종 내에서 가장 높은 연봉을 받는 직종이 되었다. 자부심을 갖지 못할 이유가 없는 것이다. 교보AXA 자동차보험의 판매왕에 오른 텔레마케터 이동숙 씨처럼 말이다.

**놀라운 성과의 핵심은 자부심에서 비롯된 것!**

교보AXA 자동차보험의 과천 콜센터에 근무하는 텔레마케터 이동숙 씨는 하루 평균 120통의 전화를 한다. 1년에 통화하는 횟수만 해도 2만 7000여 건. 말 그대로 입으로 먹고 사는 셈이다. 이렇게 해서 그녀가 2004년 한 해 동안 체결한 계약은 5,600건. 월 평균 470건으로 시간당 3건이라는 놀라운 성적이다. 일주일에 3건의 계약도 힘든데 시간당 3건이라니 경이로운 기록이 아닐 수 없다.

그로 인해 그녀가 올린 매출액은 매달 평균 2억 원, 연간 25억 원에 달한다. 이런 성과로 인해 그녀는 2004년에 신인왕을 받은데 이어 2005년 교보AXA 자동차보험 골든콜 시상식에서 대상인 그랑프리를 수상했다.

그는 "상담직원은 말을 잘한다고 해서 영업실적이 오르는 것이 아니다"며 "노하우나 화법은 기술적인 부분이고 핵심은 자기가 일하고 있는 회사가 정말 좋은 회사라고 스스로 느끼는 것"이라고 강조한다. "입으로만 좋다고 말하는 것이 아니라 진심에서 우러나야 고객을 상대할 때 자신감이 생긴다"는 것.

지난 2003년 5월 교보AXA 자동차보험에 입사한 이 씨는 입사 전에는 보험과 관계없는 의류회사에서 사무직으로 근무했다. 회사에 명예퇴직 바람이 불었을 때 회사를 그만두고 이 회사에서 상담직원으로 일하던 동생의 권유로 상담 업무를 시작했다.

이 씨가 준수하는 업무 원칙은 '주어진 시간에 집중하기'. 퇴근이 늦으면 피로가 누적돼 다음날 영업에 지장을 주기 때문에 퇴근시간 이후에는 영업실적에 연연하지 않는다고 한다. 결국 그녀의 집중과 신뢰가 전화영업으로만 일반 설계사도 따라 오기 힘든 놀라운 실적을 올린 셈이다.

-〈한국경제〉 2005. 5.

이와 같은 이동숙 씨의 사례는 자기가 일하고 있는 회사가 정말 좋은 회사이고 자신이 하는 일이 정말 좋은 일이라는 자부심이 있어야 열정을 가질 수 있다는 것을 보여준다. 그리고 이로 인해 결과적으로 성과도 높일 수 있었다는 것을 증명해 주는 사례다.

## 4_ 고객을 위해 헌신하라

매사에 고객을 위해 헌신적으로 임하는 자세도 열정이 넘치는 영업인으로 각인되는 데 있어 중요한 원천이 된다. 현대자동차의 판매왕인 최진성 씨는 휴일에 가족들과 놀이공원을 갔을 때에도 고객이 전화하면 즉시 달려갔다고 한다. 한두 시간 후에 돌아오겠노라는 말을 아내와 아이들에게 남기고서 말이다.

그러나 그 약속을 지키지 못할 때가 많았다고 한다. 한두 시간 정도 걸릴 것으로 예상하고 갔는데, 막상 너댓 시간이 걸리는 경우가 대부분이었기 때문이다. 이런 경우, 가족들로부터는 원망을 들을지 모르지만 고객은 어떻게 생각할까?

한국GM의 판매왕인 동대문 영업소의 박노진 대표도 고객을 위해 헌신하는 영업인으로 유명하다. 새벽 2~3시 경에도 음주운전 단속에 걸렸다며 그에게 전화를 거는 고객들이 있다고 한다. 물론 그는 전화를 받는 즉시 졸린 눈을 비비며 현장으로 달려간다고 한다.

만약 휴일에 가족들과 여행을 갔는데 고객에게 전화가 왔다면 당신은 어떻게 할 것인가? 사정을 이야기하고 내일 찾아뵙겠다고 할 것인가? 물론 그렇게 말을 해도 대부분의 고객은 불만을 표출하지 않을 것이다. 하지만 자신의 전화에 가족들과의 여행을 중단한 채 달려온다면 고객은 어떻게 생각할까?

물론 이에 대해 내가 그들의 집사나 종도 아닌데 그렇게까지 해야 하느냐는 영업인도 있을 것이다. 그러나 위에서 언급한 두 명의 판매왕은 단지 고객을 사랑하고 존중하는 마음이 다른 영업인들보다 더 각별했기 때문에 그런 것일 뿐이다. 어떤 영업달인은 이렇게 말한다.

"나의 어머니께서 이 못난 자식을 위해 당신의 모든 것을 희생했던 것만큼은 못할지라도 난 나의 모든 것을 걸고 헌신적으로 고객을 대하려고 노력한다. 나는 고객의 요청에 부응하기 위해 핸드폰을 끼고 잠을 잔다. 내 핸드폰은 365일 24시간 내내 단 1초도 꺼지지 않는다."

당신은 어떤가? 고객을 위해 헌신하는 사람이라고 평가받고 있는가? 고객들로부터 열정이 넘친다고 평가받고 있는가?

## 04_
고객에게 팔아야 할 세 번째:
# 신뢰

E M O T I O N A L
S       A       L       E       S

01 고객에게 신뢰를 받지 못하는 3가지 이유
02 고객의 신뢰를 얻기 위한 3가지 방법
  1_ 고객과의 약속은 철저하게 지켜라
  2_ 최고 전문가로 인정받아라
  3_ 고객과 고객의 수익을 최우선으로 하라

# 고객에게 신뢰를 받지 못하는
# 3가지 이유

고객에게 신뢰를 받아야 한다는 것을 모르는 영업인은 아무도 없을 것이다. 그러나 고객에게 무한한 신뢰를 받는 영업인은 사실 그리 많지 않다.

그렇다면 고객에게 무한한 신뢰를 받는 영업인은 얼마나 될까? 필자의 분석에 의하면, 10% 정도다. 고객을 대상으로 직접 조사를 한 것은 아니지만, 고객의 충성도를 측정해 알파고객가격이나 포인트 마일리지 캐시 백, 입지 등 어떤 조건에 충성하는 고객이 아니라 특정 상품이나 브랜드 또는 사람에 열정적인 지지를 보내는 최고의 고객의 비율을 측정해본 결과 10% 내외였기 때문이다. 물론 신뢰하는 편이라는 고객까지 포함하면, 그 비율이 30~40% 정도까지 올라갈 수는 있다.

그러나 신뢰받는 편에 머물러서는 안 된다. 끝으로 메주를 쑨다고 해도 믿을만큼 전폭적인 신뢰를 받는 영업인이 돼야 한다.

그래야 상품과 브랜드 파워가 열세에 놓여 있거나 가격과 거래 조건이 다소 불리하더라도 고객의 마음을 붙잡을 수 있다.

그렇다면 모든 영업인이 고객으로부터 신뢰를 받기 위해 노력을 하는데도 신뢰를 받는 영업인이 이처럼 적은 이유는 무엇 때문일까? 다음과 같은 3가지 이유 때문이다.

1. 개별적 요인
2. 구조적 요인
3. 상황적 요인

여기서 첫 번째로 말한 개별적 요인은 영업인 개인의 성향과 변수를 말한다. 고객과의 약속을 잘 지키지 않는 영업인이나 한 순간의 성과를 위해 고객을 의도적으로 속이는 영업인이 대표적이다.

영업인들 중에는 당장 눈앞의 이익이나 탐욕에 눈이 멀어 고객을 의도적으로 속이는 이들이 제법 존재한다. 원산지를 속이거나 내용물을 바꿔치기 하는 경우나 자신이 팔고자 하는 상품의 단점을 의도적으로 숨기는 경우가 대표적이다.

중고 자동차를 파는 사람치고 자신이 팔려는 중고차가 이전에 사고가 났었다고 솔직히 얘기하는 사람은 거의 없다. 고객이 먼저 질문을 하면 그때서야 비로소 작은 사고가 났었다고 이야기하는 경우가 대부분이고 아예 사고가 나지 않았다고 시치미를 떼는 경우도 있다. 자신이 파는 상품이 지닌 실제 가치 이상으로 과대 포장하는 경우도 많다.

이런 경우 고객은 속임수에 잠깐 동안은 속아 넘어가겠지만, 대부분은 나중에 그 사실을 알게 된다. 그들은 속았다는 사실에 강하게 클레임을 제기하기도 하고, 다시는 사지 않겠다며 속으로만 분을 삭이고 넘어가기도 한다. 어쨌든 이와 같은 행위는 고객에게 잊을 수 없는 기억, 그것도 부정적인 기억을 남긴다.

구조적 요인은 영업인이 자신의 힘으로는 통제할 수 없는 변수를 말한다. 영업인이 파는 상품의 품질이나 성능, 기능, 안전성, 내구성 등의 본원적 속성이 고객의 기대를 충족시키지 못하는 경우가 대표적이다. 생산이나 물류 시스템 등으로 인해 납기를 지키지 못하거나 배송 시간을 지키지 못하는 것 등도 고객의 신뢰를 얻지 못하는 구조적 요인이라 할 수 있다.

상황적 요인은 영업인이 어쩔 수 없이 고객의 신뢰를 잃는 경우를 말한다. 회사의 영업 정책이 바뀌거나 평가 시스템의 문제가 대표적이라고 할 수 있다. 영업인이 고객과 약속한 거래조건을 팀장이나 윗선에서 뒤엎는 경우도 이에 해당된다. 이런 경우 어쩔 수 없이 고객에게 공수표를 남발한 것이 돼 영업인의 신뢰가 추락하게 된다.

회사의 평가 시스템도 고객의 신뢰를 잃게 만드는 경우가 많다. 예를 들면, 신규고객 유치가 주요 평가 항목인 기업의 경우, 평가 기간 내에 신규고객을 유치하기 위해 수단과 방법을 가리지 않는 영업인들이 많다. 이런 경우는 대부분 지키지 못할 약속을 남발하게 돼 고객의 신뢰가 바닥으로 추락하게 된다.

# 고객의 신뢰를 얻기 위한
# 3가지 방법

그렇다면 고객으로부터 전폭적으로 신뢰를 얻기 위해서는 어떻게 해야 할까? 그러기 위해서는 다음과 같은 3가지 과제를 잘 실천해야 한다.

## 1_ 고객과의 약속은 철저하게 지켜라

첫 번째는 고객과의 약속을 철저하게 지키는 것이다. 삼성화재의 판매왕인 우미라 씨가 대표적인데, 그녀의 영업 비결은 바로 정도영업正道營業을 통해 고객들에게 '믿음'을 얻는 것이었다. 그녀는 '보험은 짧게는 10~20년이지만 길게는 평생을 고객과 함께 해야 하는 업이다. 따라서 정직하고 성실하게 고객과의 약속을 지키지 않으면 고객에게 곧바로 외면을 당한다'는 신념으로 영업에 임해 고객의 신뢰를 얻고 있다.

대부분의 영업인들도 그녀처럼 고객과의 약속을 잘 지킨다고 자부하겠지만, 피치 못하게 고객과의 약속을 지키지 못하는 경우가 종종 있을 것이다. 탐욕에 눈이 멀어서 그런 경우도 있지만, 자신의 힘으로는 통제불가능한 변수들 때문에 그러기도 한다. 앞서 언급한 것처럼 상품의 본원적 속성의 문제나 회사의 정책 변경 등에 의해 고객과의 약속을 지키지 못하는 경우도 있다.

그렇다면 이런 경우 어떻게 대처해야 할까? 회사를 탓하면서 자신은 잘못이 없다고 고객에게 말해야 할까? 이는 누워서 침 뱉기이기 때문에 결코 바람직하지 않다. 그렇다면 어떻게 하는 것이 좋을까? 고객과의 약속 시한을 너무 촉박하게 잡지 않는 것도 바람직한 대처 방법 중 하나다.

가령, 상품에 하자가 발생해 AS나 리콜을 해야 할 경우를 예로 들어보자. 이런 경우, 대부분의 영업인들은 생산·품질·R&D 등 회사 내의 관련 부서와 협의를 한 다음, 언제까지 AS나 리콜을 완료하겠노라고 고객과 약속한다. 그런데 그때 시한을 너무 촉박하게 잡는 경우가 많다. 이런 경우, 또다시 고객과의 약속을 지키지 못해 신뢰는 바닥에 떨어지게 된다.

영업인은 그저 고객에게 상품을 팔고 돈을 수금하는 그런 사람이 아니다. 넓은 의미로 보면, 프로젝트 매니저라고 할 수 있다. 부품의 공급 등을 고려해 AS나 리콜 시한 등을 여유 있게 잡아 고객에게 약속을 하는 융통성도 때로는 필요하다.

그리고 약속을 보다 구체적이고 명확하게 잡는 것도 신뢰를 얻는 또 하나의 방법이다. 서비스 요원들의 경우, 사소한 것으로 인해 고객의 신뢰를 얻기도 하고 잃기도 한다. 가령, 가전이나 정수기 등이 고장났을 경우 고객센터에 서비스 신청을 하면 보통 서비스 기사를 지정한다. 그리고 나면 이 기사는 서비스를 신청한 고객에게 전화를 걸어 다음과 같이 방문 일정을 잡는다.

"고객님, 안녕하세요. ○○전자 서비스 기사 △△△입니다. TV 문제로 AS를 신청하셨군요. 고객님, 오늘은 제가 이미 예약이 다 돼 있어서 어려울 것 같은데, 내일인 토요일 오후에 방문해도 괜찮겠습니까?"

그러면 고객 입장에서는 이런 물음이 생기지 않을 수 없다.

'내일 오후에 방문한다구? 오후 몇 시쯤 방문할 예정인 거지?'

이런 방식으로 방문 일정을 잡는 서비스 기사에겐 전혀 신뢰가 가지 않을 것이다. 오후라면 보통 1시부터 6시까지인데 황금 같은 토요일 오후에 언제 방문할지도 모르는 서비스 기사를 무작정 기다리고 있으려면 울화통이 터질 수밖에 없을 것이다.

반면, 아주 신뢰가 가는 서비스 기사는 다음과 같이 말한다.

"고객님, 안녕하세요. ○○전자 서비스 기사 △△△입니다. TV 문제로 AS를 신청하셨군요. 고객님, 오늘은 제가 이미 예약이 다 돼 있어서 어려울 것 같은데. 내일인 토요일 오후 2시~3시 사이에 방문해도 괜찮겠습니까?"

아주 사소한 차이지만 대부분의 고객은 후자의 서비스 기사에게 신뢰감을 갖는다. 그로 인해 제품 수리 또한 아주 잘할 것이라는 생각을 하게 된다.

　매장을 통해 판매를 하는 데 있어서도 고객에 신뢰를 파는 것은 매우 중요하다. 다음에 소개할 서울 삼성동의 노른자 쇼핑이 대표적인 사례다.

**'유기농 먹거리 전문 슈퍼' 라는 신뢰를 파는 노른자 쇼핑!**

　1981년부터 문을 연 노른자 쇼핑은 전형적으로 잘나가던 동네 슈퍼였다. 그러다 1999년 인근에 이마트 역삼점이 생기면서 손님이 급격히 줄기 시작했다. 고창환 노른자 쇼핑 대표는 "살아남기 위해 지혜를 모은 결과, 안심하고 믿을 수 있는 먹거리를 살 수 있는 곳이라는 믿음을 주는 슈퍼가 되자는 결론에 도달했다"고 한다.

　그리고 2002년부터 '유기농 먹거리 전문 슈퍼'로 대대적인 변신을 꾀했다. 지금 '친환경 농산물 인증 코너'에선 500여 가지의 유기농 물품을 판다. 자체 개발한 유기농 브랜드 '고향 보따리'로 미숫가루 · 도토리 묵가루 · 된장 · 고추장 등 모두 30여 종을 판다.

　그러나 유기농으로 바꾼 뒤 곧바로 장사가 잘된 것은 아니었다. 농약을 치지 않아 울퉁불퉁하고 못생긴 데다 비싼 유기농 채소 · 과일을 사는 고객이 별로 없었다. 3~4년 동안 유기농 제품의 70%를 버려야 했다. 하지만 전담 직원까지 배치해 집요하게 설명하면서 고객층을 넓혀 나갔다. 농장을 일일이 다니며 땅에 대한 환경도 조사했다.

　노른자 쇼핑의 이계송 이사의 말에 의하면 "밤에 암행어사처럼 나가 농약을 치는지, 주변에 농약을 치는 밭은 없는지 일일이 확인했을 정도"라고 한다. 이런 노력 끝에 지금은 유기농 코너의 회원만 해도 2만 명이다. 깐깐한

강남 주부들의 마음을 사로잡는 데 마침내 성공한 것이다.

— 〈중앙일보〉, 2009. 2.

이와 같은 노른자 쇼핑의 사례는 요즘 대형 마트와 SSM기업형 슈퍼마켓의 진입으로 생존에 위협을 받고 있는 재래시장이나 자영업 수준의 개인 슈퍼마켓 운영자들에게 많은 것을 시사한다. 고객의 전폭적인 신뢰를 얻으면 그 어떤 강력한 경쟁자가 시장에 진입하더라도 생존은 물론 지속적으로 성장할 수 있다.

## 2_ 최고 전문가로 인정받아라

두 번째는 자신의 분야에서 최고의 전문가로 인정받아야 한다는 것이다. 고객은 누구나 자신의 영업 담당이 해당 분야에서 최고의 전문가이길 원한다. 약속을 잘 지키고 공수표를 남발하지 않는 것만으로는 한계가 있다. 따라서 차를 파는 사람은 차 박사, TV를 파는 사람은 TV 박사, 펀드를 파는 사람은 재테크의 달인으로 불릴 수 있어야 더욱 신뢰를 받을 수 있다. 그러나 최고 전문가가 되고 고객들에게 인정받는 것은 말처럼 그리 쉽지 않다. 이 부분은 뒷부분의 '스토리를 팔아라'에서 다시 한 번 소개하도록 하겠다.

### 3_ 고객과 고객의 수익을 최우선으로 하라

세 번째는 고객과 고객의 수익을 최우선해야 한다는 것이다. 대부분의 기업이나 영업인들은 이구동성으로 고객만족과 고객감동을 부르짖는다. 이들은 아울러 자기 회사는 고객중심 경영이나 고객의 수익을 최우선으로 한다고 말한다. 그러나 진정으로 고객만족과 고객감동, 고객수익을 최우선으로 하는 기업은 그리 많지 않다.

그 이유는 간단하다. 재무적 성과의 덫에 빠진 기업과 탐욕에 눈먼 영업인들이 의외로 많기 때문이다. 고객만족과 고객감동을 부르짖고 있는 기업의 CEO들 조차도 대개 자신이 재임하는 기간 동안의 재무적 성과와 주가 등이 최우선 관심사인 경우가 많다.

그러다 보니 고객과 고객의 수익을 최우선으로 하는 것이 뒷전일 수밖에 없다. 영업인 역시 우선적으로는 자사 상품을 팔아야 하는 데다, 자신에게 더 많은 이익이 되는 상품을 권유하려는 경향을 가진다. 그런 사람들을 위해 걸어 다니는 PB센터로 불리는 삼성증권 조현숙 PB의 사례를 소개한다.

**신뢰는 곧 자산이다**

삼성증권 Fn아너스 테헤란로 지점의 조현숙 과장은 '걸어 다니는 PB센터'로 불린다. 그녀가 관리하는 개인 고객의 자산은 무려 4,000억 원. 대략 15명이 맡아 관리하는 자금이 2,000억 원대인 것을 감안하면 혼자서 점포 2개를 운영하는 셈이다. 대학에서 금융이나 마케팅과는 아무 상관없는 영어교육을 전공한 조 과장이 PB업무와 인연을 맺은 것은 지난 1991년 졸업 후 첫 직장이었던 모 종합금융사. 이곳에서 개인 고객을 처음 관리하면서 거액의 자산을 가진 고객을 상대하기 시작했고, 투신사를 거쳐 2002년 삼성증권에 합류하면서 꼬박 15년간을 PB업무에 종사해 왔다.

15년 외길을 걸으면서 그녀가 익힌 PB업무의 노하우는 '고객과의 신뢰'와 '남보다 한발 앞서는 정보 조사' 두 가지였다. 그녀는 "고객에게 세무 정보나 부동산 또는 골프 회원권 시세 등 상황에 맞는 발 빠른 재테크 정보를 제공한다"며 "모든 정보가 조 과장에게 나온다는 인식이 박혀 고객이 먼저 찾아온다"고 설명했다.

또 다른 비법은 고객과의 신뢰관계 형성이다. 조 과장은 "고객의 자산 포트폴리오를 짤 때 항상 자사의 금융상품만 권하지는 않는다"며 "오히려 고객에게 가장 필요한 상품을 제안하면서 고객의 신뢰를 얻는 것이 더 중요하기 때문이다"라고 말했다. 조 과장은 "거액의 자산가는 한번 신뢰관계가 형성되면 끝까지 믿는 특성이 있다"며 "서로 신뢰가 쌓이다 보면 자산관리를 떠나 집안의 대소사를 비롯해 말하기 힘든 부분까지도 함께 고민하고 상담하는 관계가 되기도 한다"고 설명했다.

이런 관계를 쌓기 위해 고객의 가족사항 등 중요 정보를 꼼꼼히 챙기는 것은 기본에 속한다. 조 과장은 "금융회사는 금융상품이 아닌 신뢰를 파는 곳"이라며 "앞으로 자산관리액 1조 원을 달성하는 게 목표"라고 당찬 포부를 밝혔다.

- 〈해럴드경제〉 2006. 5. 3.

그러나 실전에서는 조 과장처럼 고객의 수익을 최우선으로 하는 것이 쉽지 않다. 평가 시스템이나 업무 프로세스, 더 나아가 기업문화 자체가 아직은 말로만 고객 중심이지 실제는 재무적 성과를 더 우선시하기 때문이다. 이런 과제를 해결하기 위해서는 기업문화와 평가 프로세스 등의 재구축이 필요하다.

그렇다면 이런 기업에서 일하는 영업인은 어떻게 행동해야 할까? 역시 결론은 하나다. 단기적으로는 평가에서 불이익을 받더라도 조현숙 PB처럼 고객의 수익을 최우선으로 해야 한다. 삼성화재 판매왕 우미라 씨가 말한 것처럼 고객과 10~20년이 아니라 평생을 함께 해야 하기 때문이다.

## 05_
고객에게 팔아야 할 네 번째:
# 가치

E M O T I O N A L
S　　A　　L　　E　　S

01 고객에 팔아야 할 3가지 가치
02 상품의 본원적 가치를 팔기 위한 감성 세일즈 기술
　1_ ADV 감성 설득 프로세스
　2_ 고객 유형별 감성 설득의 기술
03 자긍심을 팔아라
　1_ 은행 대신 새마을금고를 가는 고객의 심리
　2_ 자긍심을 파는 방법 3가지
04 자아실현의 가치를 팔아라
　1_ 혼자서 유럽으로 여행을 떠나고 싶은 고객의 심리
　2_ 자아실현의 가치를 파는 2가지 방법

# 고객에 팔아야 할
# 3가지 가치

영업인들이 가장 자주 듣게 되는 말 중 하나가 상품이 아니라 가치를 팔라는 것이다. 최근 들어서는 고객가치 창조, 고객가치 경영과 같은 말도 자주 접할 수 있다. 그렇다면 여기서 말하는 가치, 또는 고객가치란 무엇을 말하는 것일까.

이유재 교수와 허태학 전 에버랜드 사장은 《고객가치를 경영하라》라는 그들의 저서에서 고객가치를 3가지로 정의했다. 기업이 고객을 위해 제공하는 가치를 '고객을 위한 가치Value for customers', 고객이 지니고 있는 가치인 '고객의 가치Value of customers', 고객이 기업과의 관계에서 스스로 창출하게 되는 '고객에 의한 가치Value by customers'가 바로 그것이다.

또 어떤 이는 고객이 추구하는 가치를 기준으로 기본 가치·기대 가치·소망 가치·예상외 가치의 4가지로 정의하기도 하고, 고객의 경험 사이클 단계별로 고객 생산성, 단순성 · 간편성, 편의성, Fun · 이미지, 리스크 회피, 환경 친화성 등 고객이 추구하는 효용 가치를 기준으로 도출할 수 있는 것이 바로 고객가치라고 주장하기도 한다.

그러나 필자는 고객가치의 개념을 고객이 특정 상품이나 브랜드 등을 통해 얻고자 하는 가치, 즉 고객이 추구하는 가치와 기업이나 영업인이 고객에게 제공해 주는 가치로 정의한다. 그렇다면 고객이 추구하는 가치, 고객이 사고자 하는 가치란 어떤 것일까?

고객은 자신이 구매하고자 하는 상품의 품질 · 성능 · 기능 · 디자인 등 본원적 속성 자체가 주는 가치만을 사는 것일까? 물론 고객은 무언가를 사고자 할 때, 상품의 본원적 속성이 주는 가치를 가장 먼저 고려한다.

그러나 고객은 그런 가치 외에 다른 가치도 고려한다. 기업이나 영업인이 자신을 진심으로 존중해 주고 우대를 하는지, 스포츠 · 레저 · 문화 · 예술과 관련한 자아실현의 욕구를 얼마나 충족시켜 주는지와 같은 가치도 얻고자 하는 것이다.

그렇다면 왜 고객은 이런 가치를 얻고자 하는 것일까? 가치란 단어의 어원을 찾아보면 이를 쉽게 이해할 수 있다. 가치의 의미를 사전적으로 요약하면 '쓸모'나 '보람'이다. 쓸모란 상품의 본원적 가치를 통해, 보람은 상품을 파는 사람들과의 관계에서 얻을 수 있는 가치이다.

그렇기 때문에 상품의 본원적 가치가 경쟁상품에 비해 다소 떨어지더라도 고객으로 하여금 삶의 가치, 즉 삶의 보람을 느낄 수 있도록 만들면 얼마든지 잘 팔 수 있다. 이런 관점에서 본다면 고객이 기업과 영업인으로부터 사는 가치, 즉 기업과 영업인이 고객에 팔아야 할 가치는 다음과 같은 3가지다.

■ **고객에게 팔아야 할 3가지 가치**
1. 상품의 본원적 가치
2. 자긍심
3. 자아실현

상품의 본원적 가치란 특정 상품의 품질·성능·기능·디자인·안전성·내구성·맛 등과 같이 그 상품이 갖는 본질적인 속성을 말한다. 이런 상품의 본원적 가치가 고객이 사는 가치 중 하나라는 것에는 모든 사람이 동의를 할 것이다.

그러나 자긍심이나 자아실현이라는 가치를 왜 고객이 산다는 것인지에 대해서는 잘 이해가 되지 않는 사람이 많을 것이다. 이제부터 이 세 가지의 가치를 어떻게 고객의 감성에 소구할 것인지 차근차근 풀어나가 보도록 하자.

## 02 EMOTIONAL SALES

# 상품의 본원적 가치를 팔기 위한 감성 세일즈 기술

### 1_ ADV 감성 설득 프로세스

사실 고객에게 상품의 본원적 가치를 파는 것은 감성 세일즈라 할 수 없다. 대개 특정 상품이 갖고 있는 본원적 가치를 이성적이고 논리적으로 설득하기 때문이다. 앞서 잠시 소개했던 FABE 시나리오가 대표적이다.

그러나 모든 설득 기법들이 상품의 특징과 이점, 편익 등을 논리적으로 설명하는 방식을 취하는 것은 아니다. 앞서 잠깐 언급했던 ADV 설득 시나리오는 전형적인 감성 설득 기법이라 할 수 있다. ADV 설득 시나리오는 인정Acknowledge, 문제점 약화Defuse, 가치 제안Value Proposition의 프로세스로 논리적, 이성적인 속성보다는 감성적 속성으로 고객을 설득하는 내용이 많다.

그렇다면 상품의 본원적 가치를 팔기 위한 ADV 감성 설득 프로세스는 어떻게 진행될까? 다음의 그림과 같이 진행된다.

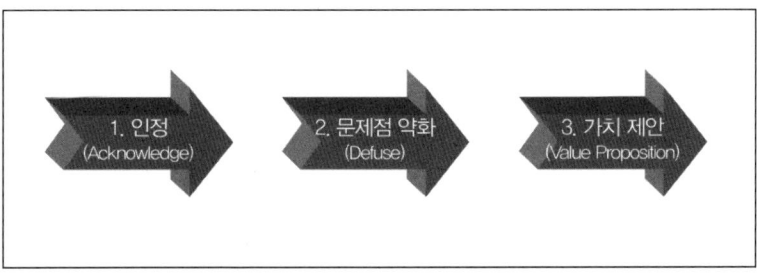

### 1) 1단계 시나리오: 인정

이 단계에서는 고객이 어떤 말을 하더라도 고객의 말을 다음과 같이 일단 긍정해야 한다.

- 네, 맞습니다.
- 정말 그렇군요.
- 그 상황에서는 저라도 사지 않았을 겁니다.
- 역시 훌륭하십니다. 정말 안목이 대단하시군요.
- 물론 가격이 조금 비싸긴 합니다.

이 단계에서는 특히 고객의 말에 맞장구를 치면서 '느끼다Feel', '느꼈다Felt', '깨달았다Found'를 적절히 활용하면 더욱 효과적이다.

- **느끼다** 그렇게 느끼신다니 죄송합니다, 어떻게 느끼실지 충분

히 이해가 됩니다.
- **느꼈다** 제가 고객님 입장이어도 그렇게 느꼈을 겁니다.
- **깨달았다** 저도 최신 모델은 가격이 비쌀 수 있다는 사실을 깨달았습니다.

이처럼 어떠한 세일즈 상황에서든 고객이 하는 말을 우선 인정하는 것이 필요하다. 그러나 어떤 영업인들은 고객이 하는 말에 대해 인정을 하지 않고 먼저 반론부터 제기한다. 고객이 비싸다고 말하면 "저희 브랜드가 주는 실제 가치에 비하면 결코 비싼 것이 아닙니다"와 같이 말하거나, 고객이 좀 깎아 달라고 말할 경우엔 "고객님, 이 가격 이하로는 정말 곤란합니다"와 같이 말한다.

또한 반품 기한이 지난 상품에 대한 고객의 환불 요청에 대해서도 "죄송합니다. 회사 규정이라서 고객님의 반품은 처리해 드릴 수가 없습니다. 저희 회사 방침은~"과 같이 고객의 입장을 인정하지 않고 반론부터 제기하기도 한다.

이런 말을 들은 고객은 당연히 화가 날 수밖에 없다. 그래서 화가 난 고객은 심지어 회사를 욕하거나 면전에서 영업인을 향해 욕설을 퍼붓기도 한다. 이와 같은 원인의 대부분은 고객이 하는 말을 인정하지 않기 때문에 발생한다.

정말 터무니없는 요구를 하는 고객들도 물론 있겠지만, 그렇더라도 우선은 고객의 말을 인정하는 것이 필요하다. 가격이 터무니없이 비싸다고 트집을 잡든, 상품에 전혀 문제가 없는데도 반품해 달라며 생떼를 쓰든, 어떤 상황이든 우선 고객의 마음을 진정시켜야 설득이 가능하기 때문이다.

### 2) 2단계 시나리오: 문제점 약화

이 단계는 고객의 말을 인정하고 동의를 하고 난 후에 반론을 제시해 문제점을 약화시키는 단계를 말한다. 한 미디로 요약하면, 다음과 같이 'But 화법'을 구사해야 한다는 것을 뜻한다.

- 그러나.
- 그렇지만.
- 그렇습니다만.
- 고객님 말씀이 지당하십니다만,
- 경쟁사 제품이 저희 제품보다 15% 정도 쌉니다만,
- 고객님과 같은 분에 어울리는 차는~
- 고객님처럼 가족을 사랑하시는 분이라면~

문제점 약화 단계에서 영업인들이 범하기 쉬운 실수로는 회사 규정이나 방침을 자주 언급한다는 것을 들 수 있다. 영업인 입장에서는 회사 규정이나 방침이 고객의 말을 수용하기 어려운 가장 중요한 기준이겠지만, 고객 입장에서는 회사에서 업무를 편리하게 처리하기 위해 만들어 놓은 것이라고 이를 생각한다.

따라서 이럴 때는 소비자원이나 공신력 있는 소비자 단체의 소비자 보호규정이나 글로벌 기준의 제조물 책임 등과 같이 국가나 공신력 있는 기관의 룰을 설명하면서 고객이 제기하는 문제점을

약화시키는 것이 효과적이다. 그러나 이런 룰을 적용하기 어려운 경우에는 지금까지 다른 고객들이 그 문제를 어떻게 받아들였는지 구체적인 데이터를 가지고 설득하는 게 효과적이다.

### 3) 3단계 시나리오: 가치 제안

이 단계에서는 왜 자신이 제안하는 상품을 사야 하는지 고객에게 그것의 가치를 제안하는 단계를 말한다. 이 때는 상품이 가지고 있는 특·장점, 혜택, 이점, 가격 대비 가치 등을 설명해야 한다. 즉, 고객이 "왜 내가 당신의 상품을 사야 하느냐?"라는 질문에 대해 간단명료하게 그 이유를 설명하는 것을 말한다.

- 원장님의 품격에 어울리는 자동차보험이 필요 합니다
- 상무님 회사 같은 세계적 기업들은 ERP 솔루션도~
- 10년 안에 10억을 모으기 위해서는 저축만으로는 한계가 있습니다. 투자형 상품에~
- 만기에 목돈을 타시는 고객분들 모두가 처음엔 돈 쓸데가 있다고 말씀하십니다만 ~

이와 같은 3단계가 ADV 감성 설득 프로세스다. 그러나 이것만으로 고객의 감성을 효과적으로 파고드는 데는 한계가 있다. 실전에서는 수많은 유형의 고객을 만나기 때문이다. 따라서 보다 효과를 높이기 위해서는 고객 유형별로 고객이 주로 하는 말에 맞게 ADV 설득 시나리오를 만들어 반복적으로 훈련하는 것이 필요하다.

## 2_ 고객 유형별 감성 설득의 기술

업종마다 고객을 설득해야 하는 세일즈 상황이 각각 다르겠지만, 영업인들은 대부분 다음과 같은 9가지 유형의 고객과 만나게 된다.

■ **세일즈 상황에서 만나게 되는 고객 유형 9가지**

1. 가격(금리)을 문제 삼는 고객
2. 다른 곳(경쟁사)과 거래하는 고객
3. 부담감을 느끼는 고객
4. 예산 타령하는 고객
5. 지금 형편이 안 되는 고객
6. 과거에 좋지 않은 경험을 했던 고객
7. 두 마리 토끼를 다 잡으려는 고객(품질+가격, 안전성+수익성 등)
8. 핑계를 대는 고객
9. 무관심한 고객

물론 업종과 판매하는 상품마다 만나는 고객 유형은 다를 수 있다. 위의 9가지 고객 유형 외에도 수많은 고객 유형이 존재할 것이다. 이처럼 자주 만나게 되는 고객 유형이 영업인마다 서로 다르겠지만, 가장 많이 만나게 되는 가격(금리)을 문제 삼는 고객에 대해 ADV 설득 시나리오를 만들어 보자. 시나리오를 만들 때는 다음의 (표-1)과 같이 고객 유형, 고객이 하는 말, 감성 설득 시나리오 순으

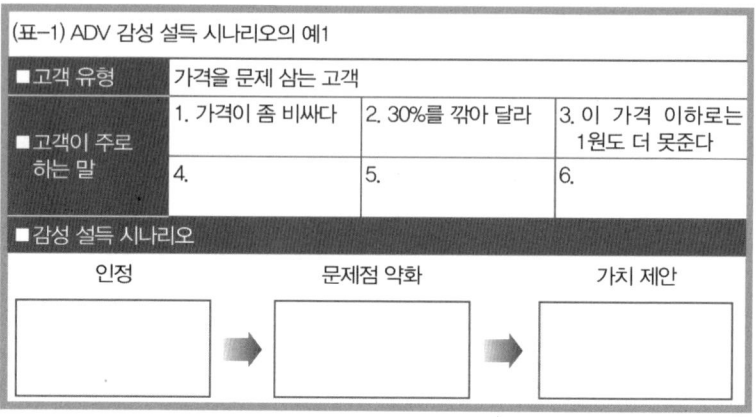

로 만드는 것이 효과적이다.

　가격을 문제 삼는 고객을 설득하기 위한 ADV 감성 설득 시나리오를 만들기 위한 첫 번째는 실제 상황에서 고객이 주로 하는 말들을 분류해 정리하는 것이다. 가격에 저항감을 갖는 고객들은 대개 "가격이 너무 비싸다", "제품은 맘에 드는데 가격이 좀 비싸다", "왜 경쟁상품보다 15%나 비싸냐?", "제안한 가격에서 30% 깎아 줄 수 있느냐", "전년보다 납품 단가를 10% 내려 달라", "우리 예산으로는 그 가격을 못 맞춘다" 등과 같은 다양한 말들을 한다.

　업종, 기업, 영업인마다 만나는 고객, 잠재고객들이 가격 문제에 대해 하는 말들은 이처럼 조금씩 다르다. 따라서 고객이 하는 말에 따라 설득 시나리오를 만들어야 한다. 가격을 문제 삼는 고객이 주로 하는 말이 10가지로 분류된다면, 10개의 감성 설득 시나리오를 만들어야 한다는 뜻이다.

　자, 그럼 이제부터 "왜 경쟁상품보다 15%나 비싸냐?"라고 말하는 고객을 설득하기 위한 시나리오를 만들어 보자.

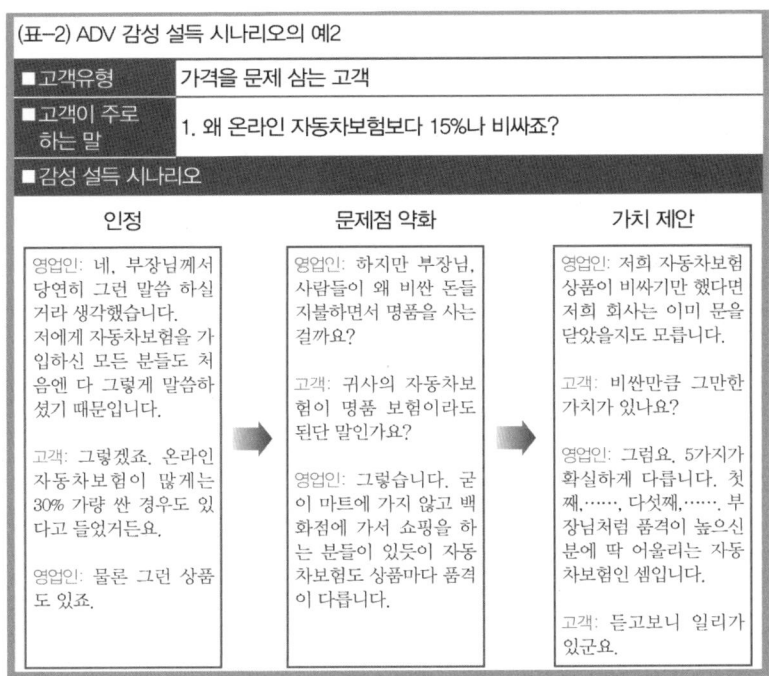

(표-2)의 시나리오는 어디까지나 예이므로 실전 상황에서는 인정 단계에서 고객이 하는 말들에 대해 더 강하게 인정하는 것이 좋다. 고객의 안목이 정말 높다는 것에 대해 칭찬을 하는 것도 물론 필요하다.

또한 고객의 말과 고객의 입장을 자신이 충분히 이해하고 있고, 자신 또한 그렇게 느끼고 있으며, 고객의 안목에 영업인 자신도 많은 깨달음이 있다는 것을 강조하는 것도 반드시 뒤따라야 한다. 자사 상품이 뛰어나다는 가치 제안이나 문제점 약화 단계보다 이런 인정 단계가 오히려 고객의 마음을 여는 역할을 한다.

이런 방법으로 고객 유형별, 고객이 주로 하는 말별로 ADV 감성 설득 시나리오를 만들면 기업마다, 또는 영업인마다 수십, 수백 개의 설득 시나리오를 만들 수 있을 것이다. 만약 혼자서 만들기가 쉽지 않다면 팀플레이를 통해 고객팀과 영업팀으로 나눠 게임을 해보는 것도 좋다.

그러면 서로 다른 설득 상황에 따른 대응 방법을 공유할 수 있을 뿐만 아니라, 자신이 미처 생각지 못한 수많은 상황들을 간접적으로 경험할 수 있다. 이처럼 고객 유형별, 고객이 주로 하는 말별로 ADV 감성 설득 시나리오를 만들어 교육과 훈련을 하면 고객을 설득할 수 있는 역량을 업그레이드 할 수 있다.

하지만 주의해야 할 것도 있다. 앵무새 영업인이나 상담원처럼 단조로운 목소리로 설득 대본을 외워서 말하는 것은 피해야 한다. 따라서 문어체가 아닌 대화체로 시나리오를 만들어 반복적으로 훈련하는 것이 필요하다.

또 다른 문제는 창조성이 떨어질 수 있다는 것이다. 세일즈 상황에 맞는 설득 시나리오를 만든다 하더라도 항상 시나리오에 맞지 않는 상황이 새롭게 나타나게 마련이다. 이런 경우를 대비해 ADV 감성 설득 시나리오를 지속적으로 업데이트 하는 노력도 필요하다.

**EMOTIONAL 03 SALES**

# 자긍심을 팔아라

## 1_ 은행 대신 새마을금고를 가는 고객의 심리

사람들은 왜 명품이나 고급 승용차를 소유하려는 것일까? 자신의 성공을 보상받고 싶어서일까? 아니면 사치품의 경우, 가격을 올려도 과시욕이나 허영심 때문에 소비가 줄지 않는다는 베블렌 효과 때문일까? 물론 일부는 그럴 수도 있겠지만, 그런 사람들은 의외로 그리 많지 않다. 명품이나 고급 승용차를 사는 사람들 대부분은 나름대로 그들만의 이유가 있다.

그렇다면 이번에는 이런 현상에 대해 생각해 보자. 어떤 고객들은 다른 곳에 비해 더 비싸게 파는 데도 특정 매장이나 영업점을 떠나지 않는다. 또한 0.1~0.2%의 금리 차이에도 거래하던 금융회사를 냉정하게 떠나는 고객들이 있는 반면, 0.5%의 금리 우대에도 떠나지 않는 고객들도 있다.

과연 그들은 왜 그런 것일까? 품질·성능·안전성·맛 등 상품의 본원적 가치가 높기 때문일까? 물론 그런 경우도 있다. 하지만 상품의 본원적 가치가 비슷하거나 오히려 조금 떨어지는 데도 특정 금융 영업점이나 특정 점포, 특정 병원을 고집하는 이들도 있다.

이런 현상들에 대한 정답을 우리는 심리학자인 매슬로우가 말한 인간 욕구의 5단계설에서 찾을 수 있다. 매슬로우에 의하면, 인간의 욕구 5단계는 생리적 욕구, 안전의 욕구, 사회적 욕구, 존경의 욕구, 자아실현의 욕구이다. 바로 4단계 욕구인 존경의 욕구가 위와 같은 현상들에 대한 답을 제시한다.

존경의 욕구란 남들로부터 존경이나 존중을 받으며 인정을 받고 싶은 욕구를 말한다. 인간은 이를 통해 강한 자긍심을 갖게 된다. 물론 명품 브랜드나 고급 승용차의 경우, 상품의 본원적 가치 자체가 뛰어나 가지고 싶을 수도 있다. 하지만 그보다는 남들이 멋있다고 인정해 주거나 자신의 성공을 인정해 주고 존중해 줌으로써 자긍심을 갖는 경우가 더 많다.

0.5%의 금리 우대에도 거래하던 금융회사를 옮기지 않는 이유도 마찬가지이다. 기존의 영업점이나 영업인이 자신을 인정해 주고 특별히 대우해 준다고 생각하기 때문인 경우가 대부분이다. 새마을금고에 예금을 예치하거나 적금이나 보험을 가입하는 고객들 중에 특히 이런 고객들이 많다.

새마을금고에 예금을 예치하는 고객들 중엔 비과세 혜택에 매력을 느낀 고객들이 많은 편이다. 이들은 비과세 혜택을 최대한 얻기 위해 1인당 예금자 보호의 한도액인 5천만 원 이내의 돈을 자신은 물론 배우자, 가족 등의 명의로 예금을 예치한다.

하지만 그렇다고 해서 새마을금고의 모든 고객들이 비과세 혜택에 매력을 느껴 예금을 예치하는 것은 아니다. 이들은 비과세 상품 외에도 또다른 상품에 가입을 하거나 대출도 받기도 하며 공제보험 상품에도 가입한다. 그리고 새마을금고와 거래한 시간이 길어질수록 더 많은 상품에 가입하곤 한다.

이와 같은 현상이 일어나는 것은 새마을금고의 임직원들이 열심히 노력한 것이 물론 가장 큰 요인일 것이다. 그러나 은행에서는 제대로 우대를 받지 못하지만, 새마을금고에서는 좀 더 특별하게 우대를 받는다는 생각에 자긍심을 갖는 고객들이 점점 더 많아지는 것도 중요한 요인이다.

마케팅 역량이 뛰어난 기업이나 영업인은 이런 고객의 심리를 잘 알고 있다. 그렇기 때문에 고객들이 인정을 받고 존경을 받고 싶은 욕구, 즉 자긍심이란 가치를 충족시키기 위해 지속적으로 노력한다. 자긍심이 고객의 마음을 열 수 있는 또 하나의 강력한 무기라는 것을 잘 알고 있기 때문이다.

### 2_ 자긍심을 파는 3가지 방법

그렇다면 고객이 당신의 회사나 당신으로부터 특별하게 대우받고 있다고 느끼도록, 즉 자긍심을 갖게끔 만들기 위한 방법에는 무엇이 있을까? 거기에는 다음과 같은 3가지 방법이 있다.

■ 자긍심을 파는 방법 3가지

1. 소유의 기쁨을 팔아라.

2. 희소가치를 팔아라.

3. 대우받고 싶은 욕구를 충족시켜라.

소유의 기쁨이나 희소가치를 갖도록 만드는 방법에는 명품에서 볼 수 있는 Limited Edition, 즉 한정 생산·한정 판매 전략이 대표적이다. 그런데 이것들은 영업인 개인보다는 기업이 전략적 차원에서 해결해야 하는 측면이 강하다. 반면에 세 번째 방법인 대우받고 싶은 욕구를 충족시키는 것은 영업인, 또는 영업조직에서 실천이 가능한 방법이다. 따라서 이에 대해 좀 더 세밀하게 짚고 넘어가 보자.

인간은 누구나 자신을 알아주고 더 특별하게 대우해 주는 것을 좋아한다. 특히 VIP 고객들은 자신이 기여한 가치에 상응하는 좀 더 특별한 대우를 원한다. 그래서 VIP 마케팅에 적극적인 은행이나 백화점은 PB센터나 MVG라운지, 쟈스민룸과 같이 VIP 고객들만을 위한 특별한 공간을 마련하고 있다.

또한 그들에게 금리를 우대해 주거나 송금 수수료를 면제해 주기도 하고 캐시백 서비스나 발레파킹 서비스, 컨시어즈 서비스를 제공하기도 한다. 이런 고객 서비스에 대해 어떤 기업이나 영업인들은 부유층을 대상으로 마케팅을 하는 곳에서나 실행 가능한 서비스라고 생각할 것이다.

그러나 부유층을 대상으로 VIP 마케팅을 하는 기업이나 영업인들만 이런 고객 서비스를 제공해야 하는 것은 아니다. 어떤 기업, 어떤 영업인이든 반드시 VIP 고객이 존재하기 때문이다. 고객도 마찬가지다. 부자든 아니든 간에 자신이 어떤 기업이나 특정 영업인의 상위 몇 %안에 드는 VIP 고객이라면 그에 상응하는 대우를 원한다.

따라서 이를 실천하기 위한 1단계로는 VIP 고객이 이를 인식할 수 있도록 지속적으로 차별화된 서비스를 제공해야 한다. 그런 다음에는 VIP 고객뿐 아니라 모든 고객과 잠재고객에게까지 이를 확대해야 한다. 그렇다면 고객과 잠재고객에게 자신을 특별하게 대우해준다고 인식시키기 위해서는 어떻게 하는 것이 가장 효과적일까?

여러가지 방법이 있겠지만, 가장 효과적인 방법은 고객 맞춤 Customization 마케팅이라고 할 수 있다. 고객 맞춤 마케팅이란 마케팅의 4P상품, 채널, 가격, 프로모션를 고객이 원하는 맞춤 형태로 제공하는 마케팅 방법을 말한다. 그리고 영업인이 실행할 수 있는 맞춤 마케팅에는 다음과 같은 2가지 방법이 있다.

첫째, 맞춤 상품을 제공하라. 보험이나 은행 등의 금융상품은 대부분 맞춤형 상품을 제공하는 것이 기본이다. 고객의 라이프스타일이나 투자성향이 다르기 때문이다. 따라서 고객이 원하는 니즈를 정확하게 파악해 맞춤형 상품을 완벽하게 제공할 수 있는 역량을 구축하는 것이 필요하다.

그러기 위해서는 고객이 원하는 상품을 영업인이 직접 상품의 개발부서에 요구해 개발할 수 있어야 한다. 자신에게 맞는 맞춤형 상품을 제공하기 위해 노력하는 모습을 보며 고객은 '내가 다른 곳에서 보다 확실히 우대받고 있구나!'라는 자긍심을 느끼게 된다.

완제품이나 부품을 판매하는 제조업체의 영업인들 역시 맞춤 상품이 고객의 자긍심을 높이는 데 중요한 요인이 된다. 특히 대량생산과 표준화로 인한 품질, 성능, 기능, 디자인 등의 획일성보다는 자신만의 개성을 살린 상품을 갖기 원하는 고객들에게 맞춤 상품의 제공은 더욱 효과적이다. 다음과 같은 사례처럼 말이다.

**나만의 상품이 자긍심을 불러왔다**

30대 초반의 회사원 이진상 씨는 2007년 6월 휴가 계획을 세우며 구매한 여행용 가방에 대단한 자긍심을 갖고 있다. 결코 값비싼 명품 가방을 구매해서가 아니었다. 이 씨가 이렇듯 자신의 여행용 가방에 자긍심을 갖게 된 것은 획일적으로 만들어진 기성품이 아니라 자신이 원하는 색상과 디자인이 반영됐기 때문이었다.

게다가 방수가 잘 되는 빨간색 체크무늬 원단의 겉면에 자신의 이니셜도 새겼다. 이 씨는 "세상에 단 하나뿐인 가방을 갖게 됐다. 어디서든 눈에 확 띈다"며, "기존에 구매했던 그 어떤 여행용 가방보다 이 가방이 더 애착이 간다며 대단한 자긍심을 갖게 됐다"고 말했다.

개인 고객뿐 아니라 법인 고객을 대상으로 하는 영업인들도 고객별 맞춤 상품을 제공해 세일즈 성과가 달라지는 경우가 많다. 자신들이 요구하는 품질 수준, 성능과 내구성, 납기 등을 잘 맞춰 주는 영업인에게 신뢰가 가는 것은 당연하다.

이처럼 맞춤 상품은 고객에게 '내가 좀 더 특별하게 대우를 받고 있구나!'라는 생각을 갖게 만드는 가장 보편적인 방법인 데다 신규 고객을 창출하는 데 있어서도 아주 유용한 방법이다. 어떤 업종에서든 고객이 인식하는 가치인 개성과 자긍심을 지속적으로 충족시켜 줄 수 있는 가장 유용한 수단이기 때문이다.

둘째, 맞춤 접근, 맞춤 커뮤니케이션을 하라. 고객에게 접근하는 방법은 직접 방문 또는 고객의 방문, 세미나나 이벤트 등의 행사를 통한 만남, 전화통화나 웹 사이트, 블로그 방문, DM이나 이메일을 보내는 방법 등이 있다. 그중에서 직접 만나거나 전화를 통한 접근과 커뮤니케이션은 대부분 고객별로 맞춤 형태로 이루어진다. 각기 다른 고객들과 똑같은 대화를 할 수 없기 때문이다.

그러나 우편이나 이메일로 고객에게 접근하거나 커뮤니케이션을 할 때는 대부분 맞춤의 형식을 취하지 않는다. 모든 고객 및 잠재고객에게 똑같은 DM, 똑같은 이메일 메시지를 보내는 매스마케팅 방식을 취하고 있는 것이다.

하지만 이제부터는 DM이나 이메일, 문자 메시지도 맞춤 형식으로 보내야 한다. 이런 DM이나 이메일, 문자는 '내가 특별한 대우를 받고 있구나!'라는 생각을 갖게 만들기 때문이다. 그렇다면 맞춤 DM이나 맞춤 이메일, 맞춤 문자 메시지를 보내려면 어떻게 해야 할까? 다음과 같은 방법이 있을 수 있다.

첫 번째는 고객마다 DM의 내용이 다른 맞춤 DM을 보내는 방법이다. 펀드상품의 가입을 권유하는 DM의 경우를 한 번 보자. 대개가 표준화된 펀드상품을 소개하는 DM을 만들어 모든 고객에게 일괄적으로 발송한다. 그 주된 내용은 판매하는 펀드의 종류나 수익률 등이다.

하지만 이는 자사의 펀드상품을 일방적으로 권유하는 방식이다. 이렇다 보니 반응률이 낮을 수밖에 없다. 효과를 높이기 위해서는 철저하게 고객의 니즈와 투자성향을 고려한 맞춤 DM을 만들어 고객별로 다른 DM을 보내야 한다.

펀드가 아닌 다른 상품도 마찬가지다. 예를 들면, 농가를 대상으로 유기질 비료나 친환경 농약 관련 DM을 보낸다고 하자. 참외, 수박, 고추, 마늘, 토마토, 상추, 오이, 사과 등 농가별로 재배하는 농산물이 다르므로 맞춤 DM을 보내는 것이 효과적이다. 1단계는 작물별로 DM을 다르게 보내야 하고, 2단계는 작목반 단위별로 별도의 DM을, 3단계는 농가별로 맞춤 DM을 보내야 한다. 물론 3단계가 가장 반응률이 높을 것이다.

두 번째 방법은 고객에 DM을 보낼 때 편지와 함께 보내라는 것이다. 편지는 고객의 감성을 자극할 수 있는 최상의 방법이다. 편지의 내용도 고객별로 내용을 다르게 해서 보내는 것이 좋다. '고객 수가 많은데 어떻게 그 많은 고객에게 일일이 다른 편지를 보내란 말인가?'라고 생각하는 영업인이 있다면, 필자는 이렇게 묻고 싶다. "1,000명의 고객들과 직접 만날 때도 똑같은 대화를 나누는가?"라고 말이다.

그러나 이상은 좋지만 현실적으로는 무리라는 생각을 하는 영업인도 있을 것이다. 그러나 실제로 그렇게 하는 영업인이 있다. 2007년 5월에 입사해 9개월 만에 판매왕이 된 미래에셋생명 드림지점의 오기철 FC가 그 주인공이다. 그의 성공 노하우를 꼽으라면 여러 가지가 있겠지만, 그중 하나가 매일 2~3명의 고객에게 자필로 편지를 쓰는 일이었다. 이를 위해 그는 매일 오전 5시 40분에 출근한다. 대단한 열정이 없다면 불가능한 일이었다.

대부분의 경우에 DM이나 전화보다는 직접 만나는 것이 훨씬 효과적이다. 하지만 거기에는 시간적, 물리적인 제약이 따른다. 전화나 DM, 이메일, 편지, 문자 메시지 등을 통한 커뮤니케이션을 하는 이유가 바로 거기에 있다. 하지만 똑같은 내용으로 통화를 하거나 메시지를 보내서는 고객의 마음을 절대로 열 수 없다.

세 번째는 이메일이나 문자 메시지를 보낼 때에도 맞춤형으로 보내야 한다. 최근 들어 명절이나 생일, 결혼기념일 등에 문자 메시지를 보내는 영업인들이 많다. 어떤 영업인들은 월말이나 월초, 또는 국경일이나 특별히 의미 있는 날에도 문자 메시지를 보낸다. 이메일 역시 마찬가지다.

그러나 모든 고객에게 똑같은 내용을 보내는 경우가 대부분이다. 이렇다 보니 많은 고객들에게 오히려 스팸메일로 취급당하기 일쑤다. 따라서 문자 메시지나 이메일로 접근할 때에도 고객별로 1:1 맞춤의 형태를 취하는 것이 효과적이다. 예를 들면 이런 식으로 말이다.

"OOO 상무님, 결혼 20주년을 진심으로 축하드립니다. 사모님

과 좋은 시간 보내시라는 뜻에서 음악회 티켓 두 장을 보내드렸습니다. 행복한 시간 되세요.^^

AAA 올림"

"○○○ 부장님, 오늘이 초복이네요. 제가 시원한 수박 한 통을 퀵으로 보내드렸습니다. 사무실 직원들과 나눠 드시면서 더위를 식히시기 바랍니다.^^

AAA 올림"

이처럼 고객과 어떤 형태로 커뮤니케이션을 하던 간에 직접 1:1로 해야 한다. 그래야만 고객의 감성을 자극할 수 있고 열렬한 팬, 즉 알파고객도 많이 만들 수 있다. '이 영업인은 다른 사람들과는 좀 다른 데가 있군. 내게 직접 편지를 써서 보내는 걸 보면', '문자 메시지 보내는 것 하나만 봐도, 정성과 열정이 역시 대단해. 확실히 나를 특별하게 대우하고 있구나'라는 생각을 가지게끔 만들 수 있기 때문이다.

# 자아실현의 가치를 팔아라

## 1_ 혼자서 유럽으로 여행을 떠나고 싶은 고객의 심리

"시간과 돈, 자유가 무제한적으로 허용된다면 가장 하고 싶은 일은 무엇입니까?"라는 질문을 받는다면, 당신은 뭐라고 대답할 것인가? 사람마다 조금씩 다르겠지만, 아마 여행을 가고 싶다는 대답이 가장 많을 것이다.

그런데 그 사람들에게 다시 한 번 "어디로 여행을 가고 싶습니까?"라는 질문을 하면, 어떤 답변이 나올까? 세계 일주를 하고 싶다는 사람, 스위스나 스페인, 이탈리아 등 유럽을 가고 싶다는 사람, 하와이를 가보고 싶다는 사람, 에베레스트가 있는 네팔을 가보고 싶다는 사람, 아마존 강과 마추픽추가 있는 브라질이나 페루 등의 남미를 가보고 싶다는 사람 등 각양각색의 답변이 나올 것이다.

그렇다면 사람들은 여행을 갈 때 누구랑 가고 싶을까? 이 질문에 대한 대답 역시 가족이나 배우자, 사랑하는 사람, 부모님, 친한 친구 등 사람마다 제각기 다를 것이다. 물론 혼자 여행을 가고 싶다고 말하는 사람들도 있을 것이다. 그런데 혼자 여행을 가고 싶다는 사람들 중엔 유독 50대 주부들이 많다고 한다. 그렇다면 왜 이 연령대에서 유독 혼자 여행을 가고 싶다는 사람들이 많은 것일까?

여러 가지 이유가 있겠지만, 가장 큰 이유는 이들 대부분이 자신의 삶을 희생하면서 살아온 세대이기 때문이다. 이들은 어려서부터 희생의 아픔을 간직한 채 살아왔다. 이들 중에는 가정 형편이 넉넉지 못해 오빠나 남동생을 위해 배움의 기회를 포기해야 했던 이들도 많다.

이들 세대의 희생은 결혼한 후도 계속되었다. 지금은 맞벌이가 대부분이지만, 이들 세대는 육아와 살림을 위해 자신의 재능은 포기한 채 오직 남편과 아이들 뒷바라지를 위해 집안에 눌러 앉은 경우가 많았다. 이렇게 일평생을 자신의 삶을 희생하면서 살다 보면 자신의 삶 자체가 그러려니 생각하게 마련이었다.

그러나 문제는 막내아이가 대학에 진학하면서 발생한다. 이때부터는 저녁식사를 혼자 하기 일쑤고 주말이면 혼자서 집을 지키는 날이 갈수록 많아진다. 남편은 일하느라 바쁘고 아이들은 공부하고 친구 만나고, 취업준비를 하느라 바쁘다.

이런 날들이 지속되면 하루하루 자신의 삶을 되돌아보게 마련이다. '내가 지금까지 누굴 위해 이렇게 살았지? 왜 이렇게 살은 거지?'라는 생각을 하는 것이다. 그리고 자신의 정체성과 새로운 삶을 찾고 싶은 욕구가 생기게 된다. 이런 생활 속에서 자신의 삶을 찾은 부산에 사는 50대 주부의 다음 이야기를 보자.

### 50대 아줌마들 "내 삶 찾을래!"

부산에 사는 50대 중반의 정 모씨는 비슷한 나이의 주부들과 봉사난체를 만들어 독거노인과 시설의 아동들을 돌보며 제2의 인생을 살고 있다. 정씨는 "가족들에게는 좀 미안하지만 봉사활동을 하노라면 지금까지 억눌렸던 가슴이 확 뚫리는 것 같아 하루하루가 즐겁다"고 당당하게 말한다. 그녀는 산악회에도 가입해 휴일에는 전국의 명산을 찾는 등 바쁜 나날을 보내고 있다.

엄마들의 반란인가. 50대 중년 여성들의 자아찾기가 가히 열풍에 가깝다. 자녀들과 남편만을 위한 맹목적인 희생을 거부한 채, 봉사·자기계발 활동은 물론 부업 등을 통해 자신의 일을 가지려는 주부들이 급속도로 늘고 있다. 인터넷 공간 등에서는 요즘 이런 생각을 공유하는 주부들의 동아리가 넘쳐나고 있다. 주부 인터넷 포털인 아줌마닷컴에 따르면 취미나 자기계발을 목적으로 만들어진 여성 동아리가 최근 급증해 350개에 달한다.

산악회, 봉사단체 등 사회활동을 위한 단체 결성 및 참여도 부쩍 두드러지고 있다. 서울 근교의 산은 평일, 휴일을 가리지 않고 아줌마들이 장악했다. 증권업계 조 모 대표는 "휴가를 내서 주중에 친구와 우연히 청계산에 갔더니 10명 중 9명이 여성일 정도로 여성일색이었다"며 "이들이 동아리까지 구성해 왕성하게 활동하는 것을 보고 놀랐다"고 전했다.

점심시간에 서울 시내 주요 식당도 단체 아줌마 손님들로 북적인다. 이들은 주로 꽃꽂이와 컴퓨터를 배우고 테니스나 골프 등 운동도 하면서 공감대를 형성한다. 상황이 이렇다 보니 젊은 맞벌이 부부들이 자녀를 할머니에게 맡기는 일은 더욱 힘들어졌다. 서울 강동구에 사는 김 모씨(28)는 "부모님이 시간이 없다며 손자를 봐주지 않겠다고 해서 결국 매월 100만 원을 주고 보육인을 두고 있다"고 하소연했다.

허라금 이화여대 여성학과 교수는 "중년 주부들이 70·80년대 가부장적인 분위기 속에서 억눌렸던 마음을 가정 밖 사회에서 풀어내고 있는 것"이라고 설명했다.

− 〈매일경제〉, 2007. 3.

그러나 위의 사례처럼 자아찾기 열풍이 중년의 주부들에게만 불고 있는 것은 아니다. 골드미스 세대도 마찬가지고 중년 남성 세대 역시 마찬가지다. 이처럼 인간은 누구나 자신이 가장 하고 싶은 일을 하면서 인생을 즐기며 살고 싶어 한다. 매슬로우가 말한 인간 욕구의 5단계설 중 최상위의 욕구인 자아실현의 욕구', 아니 자아실현의 가치를 누구나 추구하고자 하는 것이다.

이런 자아실현의 가치를 기업들이 그냥 방치할 리 없다. 그들이 추구하는 삶의 가치를 충족시키면 그들의 마음을 사로잡을 수 있기 때문이다. 전 세계 수많은 기업 중 자아실현의 가치를 가장 잘 팔고 있는 회사를 꼽으라면 미국의 오토바이 회사인 할리 데이비슨을 들 수 있다. 그렇다면 할리 데이비슨은 어떻게 고객들에게 자아실현의 가치를 팔았을까?

1986년 파산위기를 겪은 후 그들은 고객에게 "자유를 찾아 떠나라. 나를 찾기 위해 달려라"와 같은 슬로건으로 일관되게 자아실현의 가치를 충족시키기 위해 노력했다. 국내에도 물론 할리 데이비

슨처럼 고객의 자아실현의 가치를 충족시키기 위해 노력하는 기업들은 많다. 은행, 증권, 신용카드사, 백화점 등 VIP 마케팅에 열심인 기업들은 특히 더 열성적이다. 골프 대회나 뮤지컬, 음악회, 갤러리 투어, 와인 강좌와 와인 투어 등과 같은 이벤트를 개최하는 것이 대표적이다.

## 2_ 자아실현의 가치를 파는 2가지 방법

그러나 기업들보다는 오히려 영업달인들 중에 고객의 자아실현의 가치를 더 잘 충족시켜 주는 경우가 많다. 어떤 영업달인들은 고객의 자아실현의 가치를 충족시킴으로써 자신의 고객들이 삶의 보람을 느낄 수 있도록 하고 있다. 그렇다면 이들은 고객들에게 어떤 방법으로 삶의 보람을 찾게 하는 것일까? 다음과 같은 2가지 방법을 전략적으로 활용한다.

### 1) 고객·가망고객과 열정적으로 어울려라

국내 P생명보험에 근무하는 라이프 플래너 K씨는 골프 동호회를 3개나 만들어 일주일에 3회 이상 골프를 친다. 골프장 부킹과 회원들에 연락하는 일은 물론 K씨가 맡는다. 그리고 골프를 치면서 있었던 재미있는 이야깃거리를 화제로 그 어떤 영업인들보다 고객들과 자주, 그리고 재미있게 커뮤니케이션을 한다.

그러다 보면 보험에 관한 이야기를 하지 않아도 골프 동호회의 회원들이 자연스럽게 자신의 고객이 되고 이들로부터 새로운 고객도 소개받게 된다고 한다. 골프를 매개로 충성도 높은 VIP 고객들을 확보했기 때문이다. K씨가 영업성과를 올리는 최상의 방법 중 하나는 골프장 부킹을 잘하여 동호회 멤버들과 열심히 골프를 치고 'Good shot'을 외쳐 주는 일이다.

BMW 코리아의 딜러인 코오롱 모터스 강남지점에 근무하는 구승회 판매왕 역시 고객의 자아실현 욕구를 충족시켜 성과를 올리는 대표적인 영업인이다. 자신의 고객 중 법률, 금융, 병원 쪽에 종사하는 전문직들을 대상으로 그들만의 커뮤니티를 구성해 주고 즐길 수 있도록 해준다. 그리고 그것이 그가 판매왕의 자리에 오르는 비결이 됐다고 한다.

2007년에 대한생명 창립 60년 이래 최연소로 판매왕 자리에 올랐던 울산지점의 정미경 씨 역시 자아실현의 가치를 잘 파는 영업인이다. 정 씨의 고객 700명 가운데 200여 명이 의사·약사·학원장 등 전문직 종사자다. 정 씨가 하는 고객관리 방식의 특징 중 하나는 VIP 고객 5명을 1팀으로 묶어 서로 친목을 도모하고 정보를 교환할 수 있도록 소모임을 만들어 주는 것이다. 다른 분야의 전문가를 만날 수 있는 기회를 제공해 골프 모임도 주선하고 재테크 세미나도 주최하는 등의 방법을 통해 고객과의 관계를 강화하기 위해서다.

제약업종의 영업에서도 고객과 열정적으로 땀을 흘리는 영업인이 있다. 중외신약의 김상훈 영업인이 그 주인공이다.

**병원장을 동호회에서 더 자주 만나는 영업인!**

중외신약에서 항진균제 영업을 하는 김상훈 씨에게 태릉 아이스링크는 또 다른 사무실이다. 1주일에 세 차례 오후 10시에 게임이 시작되는 아이스하키 인터넷 동호회 '파드레스'의 회원인 김씨는 2009년 6월 부천 연세드림비뇨기과 하헌구 원장의 권유로 아이스하키의 매력에 빠져들었다.

"처음엔 고객과 친해져야겠다는 개인적인 목표, 과거와 다른 영업방식을 구사해야 한다는 회사방침 사이에서 혼란스러웠습니다. 하지만 아이스하키를 통해 자연스레 제품과 일 이야기를 편하게 나누게 됐어요."

김 씨는 아이스링크를 자신만의 새로운 영업현장으로 활용하는 셈이다. 이 얘기를 듣던 하 원장은 "요즘은 병원에서보다 동호회에서 더 자주 얼굴을 본다"며 웃었다. 하 원장은 "솔직히 진료시간에는 환자들을 돌보느라 영업사원들에게 많은 시간을 내주기가 쉽지 않다. 이런 비공식적인 자리를 통해 좋은 관계를 형성하고 있다"고 말했다.

― 〈중앙일보〉, 2010. 2.

이들 외에도 고객의 자아실현 가치를 충족시켜 주는 방법으로 성과를 올리고 있는 영업인은 많다. 그러나 어떤 이들은 이런 방법은 위 사례들처럼 '보험이나 자동차, 제약 등의 업종에서만 가능한 방법 아닐까?'라는 생각을 갖는다. 그러나 오히려 그렇지 않은 업종에서 더 효과적인 경우가 많다. IT기업에서 공공부문 영업을 담당하면서 2006년 수주액을 전년 대비 80% 이상 증가시켰던 S사의

L 상무가 대표적이다.

　L 상무가 이런 괄목할 만한 성과를 올릴 수 있었던 가장 큰 원동력도 바로 법인 고객 및 가망고객들과 골프를 통해 열정적으로 어울린 덕분이었다. 법인 고객 영업이 개인 고객 영업과 다른 점이 있다면 제품 사용자와 의사결정권자가 다르다는 것뿐이다. 담당자든 키맨이든 그들도 결국 사람이다. 따라서 그들의 취미별로 소모임이나 동호회 등의 다양한 커뮤니티를 만들어 열정적으로 어울린다면 뛰어나 성과를 올릴 수 있다.

　또한 대리점 영업, 특히 대리점이 자사의 상품만을 취급하는 게 아니라 경쟁사의 상품을 포함해 여러 기업의 상품을 파는 경우에는 더 효과적이다. 같은 취미를 가진 대리점 대표나 키맨을 중심으로 골프 동호회, 테니스 동호회, 산악회, 와인 동호회 등을 만들어 활발하게 교류하는 것만큼 그들의 마음을 사로잡을 수 있는 효과적인 마케팅 방법은 없다.

　당신은 어떤가? 고객, 또는 가망고객과 열정적으로 어울리고 있는가? 고객·가망고객과 1:1로 어울리는 편인가? 아니면 동호회 형태로 어울리는 편인가?

　이제부터는 고객의 취미별로 커뮤니티를 5개 이상 만들어라. 그리고 커뮤니티의 총무를 맡아 헌신하는 모습을 보여 줘라. 하지만 이때 주의해야 할 것이 한 가지가 있다. 커뮤니티에 참여하는 고객·가망고객을 너무 부담스럽게 해서는 안 된다는 것이다. 상품을 판매하기 위해 적극적으로 홍보를 하다 보면, 그들이 부담을 느껴 점점 커뮤니티에 참가하지 않기 때문이다.

그래서 이것을 잘 아는 영업달인들은 절대로 그들을 상대로 세일즈하지 않는다. 그중에는 하물며 카탈로그 한 장도 건네지 않는 이들도 있다. 굳이 그렇게 하지 않아도 커뮤니티를 위해 헌신하고 열정적으로 노력하는 모습을 보이면, 고객이 스스로 마음을 열고 자신에게 접근한다는 사실을 잘 알고 있기 때문이다. "총무님, 사실 제가 연금보험을 하나 가입해야 하는데~", "이번에 나온 신차 OOO! 그게 정말 그렇게 반응이 좋은가요?", "어떤 펀드가 좋을지~"와 같은 말을 하면서 말이다.

물론 억대 연봉을 받는 영업인 중에도 이렇게 하소연하는 이들이 있다. "목표한 바가 있고 일 자체가 즐겁기 때문에 세일즈의 바다에 뛰어들었습니다. 하지만 열정적으로 고객·가망고객의 자아실현의 가치를 충족시켜주다 보면 남들이 누릴 수 있는 즐거움은 포기해야 합니다. 많이 얻는 만큼 잃는 것에 대한 두려움과 스트레스 또한 몇 배 이상입니다. 때로는 머리를 감다가도 샴푸를 했는지, 안 했는지 깜박깜박 하기도 합니다. 평소 관심사와 걱정거리가 고객관리에 온통 쏠려있기 때문입니다."

이는 화려하게만 보이는 억대 연봉자들이 털어놓는 고충이다. 하지만 필자는 이들에게 다음과 같이 말해 주고 싶다. "당신도 자아실현의 가치를 충족할 거리 하나 정도는 가져라. 골프도 좋고 뮤지컬도 좋고 여행도 좋다. 그리고 당신의 고객·가망고객들과 열정적으로 어울려라"라고 말이다.

## 2) 고객·가망고객을 자선·봉사활동에 참여시켜라

대부분의 사람들은 자신이 좋아하는 취미활동, 즉 골프나 테니스, 등산, 여행, 낚시, 뮤지컬 등을 통해서 자아를 찾고자 한다. 하지만 모든 사람들이 다 그런 것은 아니다. 앞서 소개했던 부산의 정 모씨처럼 남을 돕고 봉사하는 일을 통해서 자아를 찾고자 하는 사람들도 있다.

2010년 현대해상화재보험에서 판매왕의 영광을 안은 천안중앙영업소의 김휘태 씨도 그런 사람들 중 하나다. 그는 1999년 입사하자마자 신인상을 거머쥐고 매년 동상, 은상, 금상을 수상한데 이어 3년 연속 보험왕을 차지했다. 그는 매사에 열정적이지만 특히 봉사활동을 할 때에는 아주 적극적이다. 그는 청주 교도소와 독거노인, 장애인 시설 등을 방문해 기타를 치며 노래하는 공연을 펼치고 있는데, 2009년부터는 모금함을 만들어 계약이 체결될 때마다 1,000원씩 적립해 불우한 이웃에게 전달하고 있다.

이렇게 영업인이 개인적으로 남을 위해 봉사를 하는 것도 물론 좋다. 세일즈를 하면서 받은 스트레스를 봉사활동을 통해 얻는 보람으로 날려버릴 수도 있고 고객들에게 알게 모르게 긍정적인 영향을 미칠 수 있기 때문이다. 그런데 고객을 봉사활동과 같은 사회공헌 활동에 참여시킨다면 더욱 효과적이다. 봉사나 환경보호 활동을 통해 삶의 보람을 찾고자 하는 고객·가망고객을 대상으로 커뮤니티를 만드는 것도 고려해 볼 수 있는 방안이다.

이런 생각에 대해 비판적으로 생각하는 사람도 물론 있을 것이다. 세일즈를 위해 자선·봉사·환경보호와 같이 순수한 사회공

헌 활동을 정략적으로 이용하느냐고 하면서 말이다. 맞는 말이다. 앞서 언급한 것처럼 그들을 대상으로 무언가를 팔려고 시도하는 것은 결코 바람직하지 않다. 상품에 대한 아주 간단한 소개도 바람직하지 않을 수 있다. 그저 묵묵히 자선·봉사활동을 참여하는 것이 최선의 방법이다. 고객·가망고객들 모두가 당신이 무슨 일을 하고 있는지 잘 알고 있기 때문이다.

# 06_

고객에게 팔아야 할 다섯 번째:
# 솔루션

E M O T I O N A L
S      A    L    E   S

01 왜 고객·가망고객에게 솔루션을 팔아야 하는가?
  1_ 긴자 무료카페의 비밀
  2_ 영업달인은 첫 만남에서 절대 프로포즈하지 않는다
02 고객·가망고객을 빚진 상태로 만드는 4가지 방법
  1_ 세미나 및 연구회를 개최하라
  2_ 지속적으로 정보를 제공하라
  3_ 해결사·도우미·집사가 돼라
  4_ 체험 기회를 제공하라

# 왜 고객·가망고객에게
# 솔루션을 팔아야 하는가?

 무언가를 팔기 위해서는 고객이 진정으로 원하는 것을 줄 수 있어야 한다. 천 원짜리 빵이나 과자에서부터 1조 원짜리 배나 비행기를 파는 이치는 모두 똑같다. 고객이 원하는 것에 대해 누가 더 최적의 해법을 제시하느냐, 즉 누가 더 최적의 솔루션을 주느냐에 따라 고객의 마음은 움직인다.

 그렇다면 여기서 말하는 솔루션은 과연 무엇을 의미하는 것일까. 영어사전에서 솔루션Solution의 의미를 찾아보면 "1) (문제·곤경의) 해법 또는 해결책, 2) (퀴즈, 수학 문제의) 해답 또는 정답"이라고 나와 있다. 또한 컴퓨터 소프트웨어 패키지나 응용 프로그램과 연계된 문제들을 처리해 주는 하드웨어나 소프트웨어를 뜻하기도 한다.

 세일즈 활동에서는 이 두 가지 중에서 첫 번째 의미를 솔루션이라고 한다. 즉 고객·가망고객이 원하는 것, 안고 있는 문제나 고민거리 등의 해법이나 해결책을 말한다.

이런 관점에서 본다면 고객이 원하는 첫 번째 솔루션은 상품, 그 자체일 수 있다. 배고픔을 해결하고자 하는 사람에게는 먹거리 상품, 추운 날씨 때문에 온 몸에 한기를 느끼는 사람에게는 따뜻한 외투가 훌륭한 솔루션이다.

그러나 고객이 원하는 솔루션이 언제나 상품, 그 자체인 것만은 아니다. 뛰어난 서비스를 원하기도 하고 때로는 자신이 원하는 상품을 선택하기 위해 여러 가지 정보를 원하기도 한다. 또한 고객은 상품과 서비스 그 자체, 즉 본질적인 문제와 관련된 솔루션 외에 지극히 개인적인 문제들에 대해서도 해결책을 원하는 경우가 있다.

가령, 은행에서 고객이 고민하는 자녀의 결혼 문제에 대한 솔루션을 제공하기 위해 커플 매칭 이벤트를 개최하거나 커플 매니저를 계약직으로 고용하는 경우 등이 그 좋은 예다. 물론 영업인 중에도 고객 자녀들의 중매를 서주거나 고객의 집이나 냉장고를 정기적으로 청소해 주는 이들이 있다. 이처럼 고객이 안고 있는 문제를 해결해 주고 도움을 주는 모든 행위들을 여기서는 솔루션이라 할 수 있다.

이렇게 본다면 상품과 서비스가 주는 본질적 가치 외에 개인적인 문제들에 대해 누가 더 최적의 솔루션을 주느냐의 전쟁이 시작됐다고 해도 과언이 아니다. 상품과 서비스의 본질적 가치보다 자신이 안고 있는 여러 가지 문제와 고민을 더 잘 해결하고 더 많은 도움을 주는 영업인에게 마음과 지갑을 여는 고객들이 점점 더 많아지고 있기 때문이다. 특히 상품의 차별화가 어려운 업종이나 브랜드 파워가 약한 상태에서 세일즈를 하는 영업인들은 이 솔루션이라는 단어에 집중할 필요가 있다.

그렇다면 솔루션은 도대체 영업인에게 어떤 효과를 가져다 주는 것일까? 그리고 왜 세일즈 성과를 높일 수 있는 것일까? 그것은 바로 고객·가망고객을 빚진 상태로 만들 수 있기 때문이다.

미국의 심리학자인 로버트 치알디니는 그의 저서《설득의 심리학》에서 6가지 설득의 법칙을 소개했다. 그중 한 가지가 바로 '상호성의 법칙'이다. 그는 이 법칙에서 상대방으로부터 무언가를 얻고자 한다면 자신이 먼저 무언가를 줘서 빚진 상태로 만들어야 효과적이라고 강조한다. 그리고 그렇게 했을 경우 얼마나 효과가 있는지 다음의 내용에서 이를 검증하고 있다.

어떤 심리학자가 자선기금모금을 위해 티켓을 판매하는 실험을 했다. 이 실험은 두 사람이 한 조가 돼 일정 시간 이상 그림을 감상한 사람들에게 자선기금모금 티켓을 파는 방식이었다. 이 실험은 전반부와 후반부로 나눠 그림을 감상하고 느낌을 적는 방식으로 진행되었다. 두 사람 중 한 명은 미션을 부여받은 조교였는데, 그의 미션은 그림 감상을 모두 마친 옆자리의 상대에게 자선기금모금 티켓을 파는 것이었다.

A, B 두 집단으로 실험 대상을 분류했고 두 집단에서 조교의 미션은 딱 한 가지가 달랐다. A집단의 실험 대상자들에게는 조교가 아무런 호의도 베풀지 않은 채 자선기금모금 티켓을 사달라는 방

식이었다. 예를 들면 "이번 수익금 전액을 무의탁 노인돕기 성금으로 낼 것입니다. 티켓을 몇 장만 부탁드립니다"와 같이 이성에 호소하는 것과 같이 말이다.

반면 B집단의 실험 대상자들에게는 미션을 부여받은 조교가 쉬는 시간에 시원한 콜라나 주스 등을 먼저 마시라고 권하는 방식이었다. 그 조교는 "이렇게 같이 명화 감상을 하게 된 것도 인연이네요. 제가 밖에 있는 자판기에서 음료수를 뽑다가 당신이 생각나서 하나 더 뽑았습니다. 자, 드시죠"라고 말한 후 그 사람이 그림 감상에 대한 느낌을 적고 나면 자선기금모금 티켓을 사달라고 부탁하는 형식으로 진행되었다.

이 실험에서 A집단과 B집단의 실험 대상자 중 과연 어느 쪽이 자선기금모금 티켓을 더 많이 샀을까? 당신도 당연히 B집단이라고 생각할 것이다. 그렇다면 얼마나 더 샀을까? 두 배 이상 더 샀다고 한다. 그렇다면 왜 B집단에 속한 실험 대상자들이 더 많이 티켓을 구입했을까? 이유는 딱 한 가지, 콜라나 쥬스를 받아 마셨기 때문이다.

이처럼 상대방으로부터 무언가를 받게 되면 대부분의 사람들은 B집단에 속한 사람들처럼 심리적으로 이에 상응하는 무언가로 갚아야 한다는 생각을 하게 마련이다. 가령, "어제는 김 과장이 점심을 샀으니 오늘은 내가 사야지"와 같이 '빚을 졌으니 빚을 갚아야지'라는 심리를 가지게 되는 것이다.

### 1_ 긴자 무료카페의 비밀

이는 세일즈 현장에서도 똑같이 적용된다. 고객·가망고객을 빚진 상태로 만들면 세일즈 성과 또한 두 배 이상 좋아질 수밖에 없다. 그래서 많은 기업들이 이들을 빚진 상태로 만들기 위해 노력하고 있다. 일본 동경의 번화가에 있는 긴자의 무료카페도 고객을 빚진 상태로 만드는 대표적인 사례다.

**긴자 무료카페의 비밀**

2009년 11월 20일 낮 일본 도쿄 긴자(銀座) 한복판인 욘초메(4丁目)에 위치한 카페 '하리마야(播磨屋) 스테이션'. 근사하게 치장된 문을 열고 들어가자 환한 인테리어에 족히 100평은 넘어 보이는 고급스러운 공간이 한눈에 들어왔다. '흠, 여느 커피 체인점보다 비싸겠군'이란 게 첫 느낌이다. 카페 중앙으로 걸어 들어가니 뷔페식당처럼 원탁이 몇 개 놓여 있고, 그 위에 먹음직스런 쌀과자 8종류가 놓여 있다. 커피도 인스턴트가 아니라 직접 원두를 갈아 내려주는 고급 커피! 도쿄에선 커피에다 쌀과자까지 곁들여 먹으면 보통 500엔 정도다. 게다가 일본에서 땅값이 가장 비싸다는 긴자 한복판이니 자릿삯도 간단치 않을 터. 그런데 이게 웬일. 커피·홍차·쌀과자·오렌지쥬스·일본 전통차인 호지차까지 모든 게 공짜였다. 세계 최초의 '공짜카페'다.

그래서인지 손님이 끊이질 않았다. 20~30대 젊은 직장인부터 70대 이상의 노년층까지 고객층도 다양했다. 쌀과자와 커피를 확보한 다음 테이블에 앉기 위해 10분을 기다려야 했다. 이곳의 한 점원은 "평일의 경우 하루에

2,000명, 주말은 3,000명 이상이 온다"고 말했다. 공짜카페를 연 하리마야는 1860년부터 150년 동안 일본 효고(兵庫)현에서 쌀과자를 만들어 온 업체. 이미 2009년에만 후쿠오카·교토·오사카 등 5곳에 공짜카페를 열었다.

물론 하리마야가 망할 각오로 이런 전략을 펴는 건 아니다. 해답은 카페 출구에 있었다. 카페 출구 한쪽에는 하리마야가 생산하는 쌀과자 선물세트를 파는 코너가 큼지막하게 설치돼 있었다. 대부분 고객은 못본 척 스쳐 지나가지만 '왠지 공짜로 먹고 나가기 찜찜하다'고 생각하는 고객도 일부 있게 마련이다. 하리마야는 이들의 지갑을 겨냥한 것이었다. 마트에서 시식 서비스를 통해 판매 증가를 꾀하는 것과 마찬가지였다. 실제 고객 10명 중 두세 명은 1,000~2,000엔 가량의 쌀과자 선물세트를 사간다고 한다. 이게 서너 명이 되면 흑자가 된단다.

- 〈중앙일보〉, 2009. 11.

이 사례가 성공할 지는 좀 더 시간을 두고 관찰할 필요가 있다. 그러나 이 사례는 많은 것을 시사한다. 고객·가망고객에 접근할 때 그들이 원하는 솔루션을 제공하는 이유가 바로 그들을 빚진 상태로 만들 수 있기 때문이란 것을 말이다.

하지만 많은 영업인들은 잠재·가망고객에 아무것도 주지 않은 채 첫 만남에서부터 팔려고 시도한다. 소개팅이나 맞선에서 처음 만난 이성에게 결혼하자고 프로포즈를 하는 경우처럼 말이다.

가령, 어떤 젊은이가 소개팅에 나가서 마침내 자신이 이상향으로 생각하는 여성을 만났다고 하자. 이 젊은이는 상대방을 만난 지 30분도 채 지나지 않아 용기를 내서 다음과 같은 말한다.

"당신은 제가 지금까지 찾았던 이상형입니다. 저는 SKY 대학을 졸업하고 미국의 명문 대학에서 MBA를 마쳤습니다. 지금은 유명 외국인 회사에 다니고 있습니다. 제 아버님은 모 대기업의 CEO 시고 어머니는 산부인과 의사십니다. 보시다시피 저는 180cm에 75kg으로 아주 건강합니다. 성격도 좋은 편입니다. 첫 만남이라서 좀 뭐합니다만, 저랑 결혼해 주시겠습니까?"

이런 프로포즈를 받은 여성은 과련 어떤 반응을 보일까? 십중팔구 거절할 것이다. 소개팅에서 잠깐 동안 얻은 상대의 정보만으로 결혼을 승낙하는 경우는 거의 없다. 아무리 상대의 조건이 좋고 끌리더라도 다음에 한 번 더 만나 상대를 좀 더 파악하고 싶은 것이 인지상정인 데다 확신이 서기 전까지 상대를 꼼꼼히 확인하려는 심리 때문이다. 그래서 이런 걸 잘 아는 젊은이들은 상대가 거절하지 못할 상태를 만든 연후에 프로포즈를 한다.

그렇다면 상대방을 거절하지 못하게 만들려면 어떻게 해야 할까? 상대에게 무언가를 먼저 줘야 한다. 평생 반려자로서 믿음과 경제적·신체적 능력 등을 보여줘야 하는 것이다. 어떤 젊은이들은 여기에 덧붙여 영원히 기억될 한 편의 이벤트를 만들어 프로포즈를 하기도 한다. 상대에게 즐거움과 감동을 주기 위해서다. 이렇게 상대방이 도저히 거절하지 못하게 만든 후에 그들은 결혼하자며 프로포즈를 하는 것이다.

그런데 의외로 많은 영업인들이 위의 사례처럼 만나자 마자 고객에게 무작정 프로포즈를 한다. "제가 사장님께 권하는 이 상품은 품질과 성능이 뛰어난 최고 중의 최고입니다. 저희 회사 잘 아시죠? 업계 1위라는 것은 그만큼 많은 사람들이 이 상품을 인정하고 있다는 것 아니겠습니까? 사장님 품격에는 정말 이 상품이 딱 어울리십니다"라고 자신의 회사와 상품의 우월성을 강조하면서 말이다. 이런 경우 역시 십중팔구 거절을 당한다.

거절을 당해 보지 않은 영업인은 물론 한 명도 없을 것이다. 어떤 이들은 "거절이야말로 세일즈의 진정한 시작이다"라고 말하기도 한다. 또 어떤 이들은 세일즈에서 한두 번 거절을 당하면, 오히려 판매할 확률이 더욱 높아진 것이라고 희망을 갖기도 한다. 그러나 거절을 많이 당하면 의지는 꺾이게 마련이다. 따라서 세일즈의 확률을 획기적으로 높이는 것이 무엇보다 필요하다.

그 가장 좋은 방법이 바로 첫 만남에서부터 무언가를 팔려고 해서는 안 된디는 것이다. 고객·가망고객을 빚진 상태로 만든 다음에 프로포즈를 해야 한다. 이렇게 가망고객을 빚진 상태로 만드는 것은 시골 노인들을 대상으로 건강보조식품을 파는 사람들조차도 실천하는 방법이다.

그들은 시골 마을에 가서 노인들을 대상으로 바로 건강보조식품을 팔지 않는다. 우선 마을회관에 잔칫상을 차려놓고 노인들을 초청해 먹을 것을 제공하며 노래와 춤으로 즐거움을 제공한다. 그 후에 비로소 건강보조식품을 판다. 이런 경우, 시골 노인들은 대부분 건강보조식품을 산다. 그렇게 함으로써 노인들은 자신들에게 먹을 것과 즐거움을 준 이 판매업자들에게 빚을 갚는 것이다.

## 2_ 영업달인은 첫 만남에서 절대 프로포즈하지 않는다

영업달인들 역시 절대로 첫 만남에서부터 결혼하자며 프로포즈를 하지 않는다. 그들은 고객·가망고객에게 솔루션을 제공한 후, 그들을 빚진 상태로 만들었다는 확신이 들었을 때 비로소 프로프즈를 한다.

3만여 명의 쟁쟁한 동료 영업인들을 물리치고 발군의 실력으로 2010년도에 삼성생명의 판매왕 타이틀을 거머쥔 배양숙 FC가 바로 대표적인 빚진 상태 만들기의 달인이다.

### 연봉 12억의 비결은 솔루션을 파는 것!

"교육을 받고 선배를 따라 한 변호사 사무실에 갔는데 사무장이 그야말로 보험아줌마 취급을 하며 그저 노닥거리는 상대로만 생각을 하더라고요. 이래선 안 되겠다, 저 사람들이 나를 만나고 싶게 만들어야지 무작정 찾아다니는 것은 의미가 없겠다 싶었습니다."

마침 그 때 금융소득종합과세를 도입한다는 뉴스가 나왔다. 그래서 그녀는 은행, 증권사, 세무서 등을 직접 찾아다니며 이 제도가 도입되면 개인에게 어떤 영향이 오고, 또 금융소득을 어떻게 하면 현명하게 관리할 수 있는가를 알아보았다. 그 내용을 토대로 A4 용지 한 장짜리 보고서를 만들었다. 제목은 '본인소유 건물을 갖고 싶으십니까?' 였다.

그녀는 경주 시내에 있는 건물의 전체 가격을 조사해 평균을 구했다. 그리고 평균 가격의 건물을 소유하기 위해서 필요한 자금을 어떻게 모을 것인가가 그 보고서의 핵심이었다. 아울러 다양한 방법으로 자금을 모을 때 금융소득종합과세에 따라 세금이 얼마가 되는지를 계산했다. 이 보고서를 변호사, 의사에게 돌리고 전화를 걸었다.

반응이 놀라웠다. 다들 만나자고 했다. 그런 과정을 거쳐 경주 시내의 전문직 종사자들을 대거 고객으로 끌어들였다. 당시 아이가 어려서 매일 오후 4시까지만 일했는데도 일을 시작한 직후부터 내내 연봉이 1억 원을 넘었다.

4년 후 그녀는 남편 직장을 따라 다시 부산으로 왔다. 기업체가 꽤 있는 부산에서는 기업 CEO들을 공략하기로 했다. 기업 CEO들을 고객으로 영입하기 위해 시도한 전략은 '엘리베이터 마케팅'. 우선 인터넷을 통해 몇 개 기업을 선정한 후 그 기업에 대한 조사를 세세히 했다. 그 기업과 CEO에게 맞는 컨설팅 자료를 뽑은 후 무작정 회사로 가서 엘리베이터를 타고 오르락내리락 했다.

"그러다 보면 어느 순간 CEO와 같이 엘리베이터를 타게 될 때가 있어요. 엘리베이터가 내려오는 그 짧은 시간 동안 설득해야 합니다. 저는 삼성생명 배양숙입니다. 같은 회사 소속이라도 컨설턴트에 따라 상담해 주는 내용이 다릅니다. 혹시 배양숙 컨설턴트의 제안을 한번 받아보시지 않겠냐고 하면 다들 다시 사무실로 올라가서 제 얘기를 들어보겠다고 했습니다. 저는 이미 그 기업의 역사와 장·단점을 잘 알고 있는 상황에서 마련한 제 제안서를 내밀었지요. 그렇게 만난 CEO들은 대부분 제 고객이 됐습니다."

당시 배 FC가 주목한 것은 가업승계와 관련한 상속세의 재원이었다. 회사 규모를 봐서 가업승계가 이뤄질 때 필요한 상속세가 얼마이고 이걸 어떻게 마련할 것인가가 배 FC 제안서의 핵심이었다. CEO들은 당장 회사의 경영이 급해 생각해 보지 못했다며, 흔쾌히 상속세 마련용 종신보험에 가입했다.

그리고 이게 끝이 아니었다. 배움에의 갈증이 컸던 배 FC는 매주 비행기를 타고 서울에 올라와 각종 최고경영자 과정과 강의를 섭렵했다. 매일경제에서 주최하는 세계지식포럼도 1회부터 지금까지 줄곧 참석했다. 포럼이 열리는 내내 행사장에서 강의를 듣고 그 내용을 정리해 고객들에게 보내 주었다.

이런 과정에서 알게 된 사람과 인맥은 여러모로 도움이 됐다. 자꾸 그런 경험이 쌓이다 보니 아예 서울로 근거지를 옮기면 어떨까 싶어 2008년 6월 서울로 왔다. 서울에서의 공략법은 세미나 마케팅이었다. 평소 친분이 있던 그룹 사장, 부사장에게 부탁해 임원을 대상으로 한 세미나를 마련했다.

제목은 '따뜻한 재정전문가 배양숙의 행복한 초대'. 세미나의 내용은 재무컨설팅이 아닌, '어떻게 하면 행복한 가정을 만들 것인가'였다. 다양한 가족관계 전문가를 초대해 강의를 듣게 했다. 물론 세미나와 관련된 비용은 배FC가 부담했다. 강의를 들은 임원들은 배FC에게 "세미나를 통해 돈을 벌기 위해 온 사람이 아니라, 내 파트너로서 내가 행복해지기를 바라는 사람이라는 생각이 들었다"며 줄줄이 배FC 고객이 됐다.

이제 연봉 12억 원의 성공 스토리 주인공이 된 배 FC가 꿈꾸는 새로운 도전은 '선한 영향력'이다.

"기업 CEO를 대상으로 보험을 팔아 돈을 벌겠다는 생각만 하진 않았습니다. 이들이 가업승계를 잘 하면 고용이 유지될 수 있는 만큼 기업의 CEO 컨설팅을 통해 해당 기업의 직원들이 또 보험을 들 수 있는 선순환구조를 만들어 냅니다. 나는 그런 선순환구조를 만들어 내는 중요한 일을 하는 사람이라는 생각을 하며 늘 자부심을 가졌어요. 요즘은 자기 자신과 가족만을 위한 보장자산이 아닌 사회를 위한 보장자산을 생각해 보시라고 권하고 있어요. 월 얼마씩 납입해 종신보험에 가입한 후 사후에 그 돈으로 기부를 하자는 거지요. 제 취지에 동감해 가입하시는 분들이 조금씩 늘고 있습니다. 그런 경우

저는 수수료도 제가 받지 않고 함께 기부를 하기로 약정합니다. 정말 멋진 일 아닌가요?"

— 〈매일경제〉, 2010. 5.

배 FC의 사례를 보면 그녀야말로 고객에게 솔루션을 파는 진정한 달인이라는 생각이 든다. 언제나 목표고객이 원하는 솔루션을 먼저 제공하는 방식으로 고객·가망고객에 접근했기 때문이다. 그리고 이 방법을 통해 그녀는 연봉 12억의 성공 스토리를 쓸 수 있었다. 배 FC말고도 다양한 업종의 영업달인들은 고객·가망고객에 접근할 때 솔루션을 먼저 제공한다는 공통점을 가진다. 그런 의미에서 본다면 '영업달인=빚진 상태 만들기의 달인'인 셈이다

# 고객 · 가망고객을
# 빚진 상태로 만드는 4가지 방법

그렇다면 영업달인들은 고객 · 가망고객을 어떻게 빚진 상태로 만드는 것일까? 이제부터 다양한 업종의 영업달인들이 고객 · 가망고객을 빚진 상태로 만드는 방법과 사례에 대해 알아보자. 그 방법은 다음과 같은 4가지다.

■ 고객 · 가망고객을 빚진 상태로 만드는 4가지 방법

1. 세미나 및 연구회를 개최하라
2. 지속적으로 정보를 제공하라
3. 해결사 · 도우미 · 집사가 돼라
4. 체험의 기회를 제공하라

물론 이 4가지 말고도 고객 · 가망고객을 빚진 상태로 만드는 방

법은 많다. 전통적으로 영업인들이 활용하는 방법들, 즉 식사나 술 접대, 골프, 선물, 리베이트 등이 그것이다. 이런 방법으로 가장 치열하게 경쟁하는 업종 중 하나를 꼽으라면 2010년까지의 제약업을 들 수 있다. 제약업계의 리베이트 지급 관행은 제약회사 영업인들조차 혀를 내두를 정도였다.

하물며 의사들에게 자사 약품의 효능을 설명하는 대신 어떤 방식으로 돈을 줘야 효과적일까 고민하는 영업인들도 있었으며 현금, 상품권, 회식비 지급 등 고전적인 방법으로는 영업비를 다 쓰지 못하는 경우도 있었다고 한다. 회사에서도 영업인의 능력과 창의성을 합법적이고 안전한 방법으로 의사들에게 돈을 쥐어 주는 것에 따라 평가했을 정도였다고 한다.

그러나 이런 방법들은 사실 전형적인 레드오션 접근 전략이다. 따라서 여기서는 영업인들이 일반적으로 활용하지 않는 방법, 즉 자신만의 블루오션 접근 전략으로 만들 수 있는 4가지 방법을 중심으로 알아볼 것이다.

### 1_세미나 및 연구회를 개최하라

국내 대부분의 은행, 보험, 증권사들은 VIP 고객을 유치하고 기존 VIP 고객들의 로열티를 강화하기 위해 경쟁적으로 세미나를 개최하고 있다. '저금리 시대의 자산운용 전략', '부동산 투자 전략', '상속 · 증여 전략'과 같은 자산관리와 재테크 관련 세미나가 주를 이룬다. IBM이나 HP, 오라클 등 IT 솔루션 회사들도 기업 고객을 발굴하기 위한 방법으로 세미나를 적극 활용하고 있다. 그들은 특급 호텔 세미나장을 빌려 자사의 솔루션이 기업 경쟁력 강화에 어떤 도움을 줄 수 있는지 설명하기 위해 참가비 무료는 물론이거니와 호텔에서 제공하는 맛있는 식사와 경품까지 제공한다.

제약회사 또한 의사나 약사들을 대상으로 신약의 임상실험 결과에 대한 다양한 세미나들을 개최하고 있으며, 컨설팅 회사들도 신문사 등과 제휴해 '기업 경쟁력 강화'와 같은 주제로 세미나와 포럼을 개최하고 있다. 이처럼 고객 유형에 상관없이 다양한 업종에서 신규고객을 유치하고 기존고객의 로열티를 강화하기 위한 방법으로 세미나가 폭넓게 활용되고 있다.

그런데 최근에는 영업인들도 신규고객 발굴과 기존고객의 충성도 강화를 위한 목적으로 세미나를 활용하는 경우가 늘고 있다. ING생명의 박준배 FC가 대표적이다. 그는 자신이 목표로 삼은 의사군을 공략하기 위해 한 달에 20여 회 정도의 세미나를 개최한다.

앞서 소개를 했지만 삼성생명의 배양숙 FC 역시 임원을 대상으로 한 세미나를 열어 고객을 확보한다. 이들 외에도 AIG생명에서 5년 연속 판매왕을 차지한 장길동 SM, 대한생명에서 2007~2008년 2년 연속 판매왕을 차지한 정미경 FP 역시 재무 설계 세미나를 적극 활용해 자신들의 고객을 빚진 상태로 만들고 있다.

이렇듯 세미나를 통해 고객에 도움이 되는 솔루션을 제공하는 영업인이 점차 느는 추세다. 물론 아직까지는 보험이나 은행 등 일부 업종에 한정되어 있지만 자동차, 화장품, 가전, 건강식품, 학습지, 정수기 등 그 어떤 업종의 영업인이라도 세미나를 활용해 고객·가망고객을 빚진 상태로 만들 수 있다.

가령, 유기질 비료회사인 ㈜진산 티앤씨 같은 회사가 대표적이다. 유기질 비료 '얼라이브'를 판매하는 이 회사는 전국의 작목반과 농가를 대상으로 '얼라이브 농법 세미나'를 개최한다. 이 기업은 후발주자로 시장에 진입했지만, 세미나를 통해 시장에 진입한지 10여 년 만에 유기질 비료업계 1위로 우뚝 섰다.

치과용 기자재인 임플란트를 제조·판매하는 오스템 임플란트 역시 마찬가지다. 이 회사는 개업을 한 치과의사를 대상으로 '임플란트 무료 시술 세미나'를 개최한다. 2005년까지 전국의 치과의사 2,400여 명을 교육했고 2001년부터는 서울 삼성동에 임플란트 전문 연수센터를 만들어 치과병원과 똑같은 환경에서 임플란트 시술 세미나를 개최하고 있다. 이렇게 무료 임플란트 시술 교육을 받은 치과의사들이 과연 어느 회사의 임플란트를 선택하겠는가? 많은 치과의사들이 이 회사의 임플란트를 선택해 현재는 업계 1위를 달리고 있다.

자영업을 하는 개인이 세미나를 통해 신규고객을 확보한 사례도 있다. 분당에서 와인 전문점을 운영하는 변형완 사장이 그 주인공이다.

**와인 강좌로 히트를 친 와인나라 변형완 사장!**
2005년 3월18일 저녁 분당의 와인나라 아울렛 서현점. 변형완 사장의 '유럽 와인 라벨 읽기' 강좌가 한창이다. 주부, 대학생, 회사원, 중소기업 사장 등 수강생 층도 다양하다. 변 사장은 소믈리에나 와인 수입업자 출신이 아니다. 불과 2년 전만해도 제일모직 상무였던 그가 이 업종을 택한 건 '즐겁게 일할 꺼리를 찾고 싶어서'였다. 2003년 명예퇴직을 한 뒤 원단을 수입하는 작은 회사에 들어갈 수도 있었지만 그는 창업을 결심했다.

매장의 위치는 10년 넘게 살아온 경기도 분당에서 물색했다. 일부러 지하철 서현역에서 2㎞나 떨어진 곳에 있는 건물 1층을 빌렸다. 간판들이 어지럽게 걸려 있고 소음에 시달려야 하는 역세권에 와인 전문점은 어울리지 않다고 판단했기 때문이다. 그의 생각은 소비자들의 심리와 절묘하게 맞아 떨어졌다. 와인을 사러 온 손님이나 강좌를 들으러 온 사람 모두 "차분히 와인 문화를 즐길 수 있어 좋다"며 극찬했다.

개장 한 달 전부터 문을 연 홈페이지(www.freechal.com/winestudy)도 성공적이었다. 개장을 앞두고 잠이 오지 않아 한두 건씩 올렸던 '와인 이야기'가 네티즌들 사이에 퍼지면서 유명세를 탔다. 삼성전자 사내 웹진 운영자의 부탁으로 6개월간 연재도 했다. 그러나 무엇보다 고객 확보에 결정적으로 기여한 건 '와인 강좌'였다. 본사에 요청해 일주일에 세 번 강좌를 열며 하루는 본사 소믈리에가 고급 과정을, 이틀은 자신이 초·중급 과정을 맡았다.

처음엔 용어가 틀려 망신도 당했지만, 입시공부를 하듯 와인 관련 서적을 섭렵했다. 인근의 고급 이탈리아 레스토랑과 '공동 와인 이벤트'를 기획하고, 수강생이었던 심장 전문의와 함께 '와인과 건강'을 주제로 강좌도 열었다.

-〈중앙일보〉, 2005. 3.

그런데 변형완 사장처럼 와인 세미나를 개최해 세일즈 성과를 높이는 또 다른 영업인이 있다. 한국 노바티스에서 대전지역 병·의원 영업을 담당하고 있는 이연호 차장이 그 주인공이다.

**와인 아카데미 운영으로 최고의 성과를 올리다!**
이 차장은 술을 전혀 마시지 못하는 체질이다. 영업사원으로서 큰 어려움이 될 수 있는 데도 불구하고 고객인 의사들에게 다가설 때 술을 적극 활용한다. 와인에 관심이 많은 개인 병원장들을 상대로 '와인 아카데미'를 적극 이용한 것이다. 처음에는 전문 강사를 불러 강의를 들려주다가 요즘에는 자신이 직접 소믈리에가 돼 와인 아카데미를 운영한다. 이를 계기로 와인을 배우고 싶어 하는 의사들이 이 차장을 찾는 경우가 부쩍 늘었다.

이 차장은 "신혈관계 질환과 관련된 제품을 담당하는 영업사원으로서 심장질환 예방에 도움이 된다고 하는 와인 관련 소믈리에 역할이 제 것인 것 같다"고 말했다. 2006년 한국 노바티스에 입사한 이래 우수한 영업사원들만 받는 상을 연거푸 수상했는데, 이는 이 회사에서 유일한 기록이다.

― 〈중앙일보〉, 2010. 2.

이상의 사례들을 보면 세미나는 어떤 업종, 어떤 영업인에게든 신규고객 발굴과 기존고객의 충성도 강화를 위한 최적의 솔루션임을 알 수 있다. 그들을 빚진 상태로 만들 수 있기 때문이다. 하지만 대부분의 영업인들은 이를 시도조차 하지 않고 있다. 심지어 이렇게 말하는 영업인들도 있다. "우리 업종에서는 그 어떤 영업인도 세미나 마케팅을 하지 않는다. 우리 업종은 세미나를 통해 고객에게 도움을 줄 만한 것이 별로 없다. 꼭 그렇게까지 해야 하나?'라고 말이다. 하지만 아무도 이런 시도를 하지 않고 있다는 것은 그만큼 더 많은 기회가 있다는 것을 의미한다.

지금이라도 늦지 않았다. 일단 분기에 한 번 정도를 목표로 시작해 보라. 그런 다음 노하우가 축적되면 개최 횟수를 점차 늘려라. 초기의 세미나 주제는 고객·가망고객의 업무적인 문제에 대한 솔루션을 주는 것으로 잡는 것이 바람직하다. 그러다가 배양숙 FC처럼 점차 행복이나 성공, 또는 많은 사람의 공통 관심사인 재테크나 건강관리, 자기 계발 등의 주제로 확대해 가라.

그러고 나서 세미나 마케팅에 노하우가 어느 정도 축적되면 그 다음에는 연구회를 운영해 보라. 1회성인 세미나보다 고객과 보다 더 친밀해질 수 있는 데다 하나의 주제를 가지고 좀 더 구체적인 솔루션을 찾기 위해 같이 노력하게 되므로 빚진 상태를 만드는데 있어 훨씬 효과적이다.

그렇다면 어떤 주제, 어떤 형태의 연구회를 만드는 것이 좋을까? 이것도 1차적으로는 '재테크 연구회', '실전 부동산 투자전략 연구회', '해외투자 연구회'와 같은 자산관리 연구회에서부터 '생산성향상 연구회', '품질향상 연구회', '원가절감 연구회', '해외시장 개척 연구회', '불황기 마케팅 연구회', 'LED 조명 연구회', '태양광 연구회'와 같이 고객의 업무적 솔루션과 관련이 있는 주제가 좋다.

최근에 많은 기업들이 외환 파생상품인 키코KIKO에 가입해 막대한 환차손을 입었다. 사실 은행들은 그 당시 외환 파생상품 가입에 열을 올리는 대신 '외환 리스크 매니지먼트 연구회'와 같은 것을 만들어 환율 변동에 취약한 중견·중소기업들에게 솔루션을 주기 위해 노력했어야 했다. 진정으로 고객을 위한다면 상품을 권하기 이전에 그들이 안고 있는 근본적인 문제들에 대한 솔루션을 주기 위한 노력이 선행돼야 한다.

## 2_ 지속적으로 정보를 제공하라

고객을 빚진 상태로 만들기 위한 솔루션들은 대부분 비용이 든다. 식사나 술자리는 물론, 간단한 선물, 그리고 세미나 역시 마찬가지다. 그러니 정보를 제공하는 방법은 비용이 전혀 들지 않거나 거의 들지 않는다.

앞서 소개했던 ING생명의 박준배 FC는 목표고객인 1천여 명의 의사들에게 매주 메일링 서비스를 제공한다. 정보의 내용은 병원 개원 시 자금조달 방법에서부터 간호사 채용, 병원 인테리어, 의료시장 개방이나 병원법인의 영리법인화에 대한 대응전략과 같이 병원경영의 A부터 Z까지다. 물론 의사들의 재무설계에 관한 정보는 기본이다. 그는 마치 병원경영 컨설턴트라는 착각이 들 정도로 다양한 정보를 제공한다.

그렇다면 이런 정보를 지속적으로 받는 의사들은 어떤 반응을 보일까? 처음에는 대부분이 '몇 번 보내다 말겠지'라는 생각을 한다. 그러나 10주, 20주 동안 지속적으로 다양한 정보를 받게 되면 그 양상이 바뀐다. '참 괜찮은 사람이네. 이런 정보를 매주 보내려면 꽤 많은 시간과 노력이 필요할 텐데. 그러고 보니 보내 준 정보들도 상당히 도움이 되는 내용들이네'와 같이 말이다. 그리고 자신도 모르게 언젠가, 어떤 방식으로든 빚을 갚아야 한다는 심리상태가 된다.

2010년 교보생명의 '판매왕' 자리에 오른 영업인은 지연숙 FP였다. 그녀가 그 해에 거둬들인 수입보험료는 무려 56억 원으로 웬만한 중소기업의 매출과 맞먹는다. 특히 13회차 유지율은 100%다. 그런 그녀가 판매왕의 자리에 오를 수 있었던 노하우는 물론 여러 가지가 있다. 그중 대표적인 노하우를 꼽는다면 고객의 성향에 맞는 상품 권유와 철저한 고객 서비스다.

하지만 정작 그녀는 자신의 노하우로 고객관리를 꼽는다. 그녀는 매달 1,000여 명의 고객에게 건강, 재테크 정보 등 유익한 정보가 담긴 편지를 보낸다. 또 고객 한명 한명의 재정설계를 위해 많은 시간을 할애한다. 챙겨야 할 고객이 워낙 많다 보니 그녀는 비서를 2명이나 두고 있다.

이처럼 은행이나 보험사의 마케터들 중에는 고객에게 도움이 되는 정보를 제공해 빚진 상태로 만드는 데 있어 달인의 경지에 오른 이들이 많다. 그들은 정기적으로 책을 선물하기도 하고 절세나 건강 관련 정보를 제공하기도 하고 휴가를 가는데 도움이 필요한 정보를 제공하기도 한다. 가령, 여행지는 어디가 좋고 숙박과 교통편은 어떤지, 여행지 인근의 맛 좋은 식당은 어떤 곳이있는지 등에 대한 정보를 제공하는 것이다.

하지만 이처럼 업무에 직접 관련이 있는 정보로만 그들을 빚진 상태로 만들 수 있는 것은 아니다. 자기계발과 관련된 정보도 좋고 인맥 만들기와 관련된 정보나 육아·어학연수·해외유학과 같이 교육과 관련 된 정보, 레저·문화·예술과 관련된 정보 등 어떤 정보라도 좋다.

당신은 어떤가? 고객·가망고객에게 주기적으로 어떤 정보를 보내고 있는가? 이미 보내고 있는 영업인도 있을 것이다. 그렇다면 보내는 것을 넘어 이제는 경쟁자들과 차별화를 꾀해야 한다. 그렇다면 어떻게 해야 차별화를 꾀할 수 있을까?

첫째, 도움이 되는 정보를 제공해야 한다. 그러기 위해서는 맞춤형 정보를 제공해야 한다. 모든 고객들에게 공통적으로 도움이 될 정보가 있는가 하면, 그렇지 않은 정보도 있다. 예를 들면, 골프를 좋아하는 고객에게 뮤지컬이나 와인과 관련된 정보를 보내는 것은 별 도움이 되지 않는다. 고객별 맞춤형 정보를 보내는 것이 효과적이다.

둘째, 지나치게 상품의 홍보나 마케팅 목적을 내세우지 마라. 상품의 홍보보다는 고객의 업무적인 문제 및 개인적인 관심사에 대해서 도움을 주겠다는 목적을 우선으로 해야 한다. 따라서 고객에게 도움이 되는 정보라면 경쟁상품에 대한 정보라도 보낼 수 있어야 한다.

### 3_ 해결사 · 도우미 · 집사가 돼라

고객 · 가망고객을 빚진 상태로 만들기 위해 세미나를 개최하거나 연구회를 만들어 운영하며 지속적으로 정보를 보내라고 강조를 해도 시큰둥한 영업인들이 있다. "물론 좋은 말이다. 그렇게 한다면 분명 효과가 있을 것이다. 하지만 현실적으로는 쉽지 않다. 각자 고유의 업무들로 바쁘기 때문이다. 세미나 한번 개최하려면 얼마나 많은 노력이 필요한지 잘 알지 않느냐. 세미나 주제와 세부 테마와 강사도 정해야지 세미나 안내장 만들어야지 홍보해야지 세미나 장소 예약해야지 교재 만들어야지"라면서 말이다.

이런 말을 하는 영업 간부도 있다.

"영업인들은 각자 고유의 업무가 있기 때문에 세미나를 하라고 강권할 수가 없다. 자칫 본연의 세일즈 활동 자체가 소홀해질 수도 있기 때문이다. 또한 세미나나 연구회를 운영한다고 해서 곧바로 세일즈 성과가 나는 것도 아니기 때문에……."

그렇다면 이런 영업인들이 대안으로 선택할 수 있는 방법은 없는 것일까? 해결사 · 도우미 · 집사가 되는 것이 그 대안일 수 있다. 이 방법은 가장 많은 영업달인들이 활용하는 방법이기도 하고 크게 머리를 쓰지 않고도 열심히 노력하면 누구나 자신의 고객을 빚진 상태로 만들 수 있는 직접적인 방법이다.

또한 이 방법만 확실하게 실천해도 당신은 탁월한 세일즈 성과를 올릴 수 있을 뿐만 아니라 판매왕도 될 수 있다. 2009년 한해에

357대의 자동차를 팔아 현대자동차가 창립한 이래 연간 최다 판매 기록을 갈아치우며 판매왕 타이틀 차지한 임희성 씨가 대표적인 사례다.

**기름 배달은 영업의 시작이었다!**

나는 기름 배달을 나가도 그냥 배달만 하고 오지 않았다. 특히 우리 주유소가 배달하는 구역에는 시골마을이 다수 포함되어 있어서 혼자 사시는 할머니들이 많았다. 그래서 나는 기름 배달을 나가면 보일러실 청소도 해드리고, 집안 어디 손볼 데가 있으면 수리도 해드렸다. 또 보일러가 고장 났을 경우에는 설비 일을 하는 친구를 불러 수리를 해드리기도 했다.

한편, 많이 편찮으신 탓에 거동을 못하셔서 병원에 가지 못하고 계신 어른이 계시면 가는 길에 병원까지 모셔다 드리기도 했다. 이런 소문이 퍼지자 우리 주유소 매출은 시나브로 상승했다. 내가 입사한 지 반 년이 지날 무렵에는 입사 당시보다 무려 두 배 가까이 늘었다.

― 《자동차 판매왕 임희성 땀으로 그린 꿈의 지도》, 임희성 著

이 사례는 그가 현대자동차에서 영업인으로 입문하기 전 주유소에서 일할 때의 이야기다. 그는 보일러 청소도 해주고 집수리도 해주며 때로는 가사 도우미처럼, 때로는 집사처럼 일해 고객들의 마음을 열었다. 그의 이런 세일즈 마인드는 현대자동차에서 자동차 영업을 한 후에도 그대로 이어졌다. 때로는 고객·가망고객을 위한 해결사가 되기도 하고 도우미나 집사가 되기도 하는 고객을 위한 그런 헌신적인 세일즈를 말이다.

좀 더 재미있는 사례도 있다. 다음은 27세의 아가씨가 억대 수입을 올리는 사장님이 된 사례이다.

**은행원과 상인을 도와줬더니 가입자가 쑥쑥~!**

정미선 씨는 영업사원이 된지 1년 2개월 만에 LG텔레콤 부산 자갈치 대리점의 사장이 됐다. 한 달 평균 400명 넘게 신규 가입자를 유치한 탁월한 영업능력 때문이다. 하루에 단말기 15~20개를 파는 셈인데, 이는 일반 대리점의 3배에 달하는 실적이었다. 그렇다면 과연 그녀의 세일즈 노하우는 무엇이었을까?

자갈치 대리점의 사장이 되기 2년 전에 계약직 상담사로 입사했던 정 씨는 2003년 9월 LG텔레콤이 국민은행과 제휴해 모바일 뱅킹 서비스인 '뱅크온'을 시작하면서 은행지점 판매원으로 파견됐다. 상담사 일은 적성에 안 맞아 고생했지만, 영업직은 물고기가 물을 만난 듯 몸에 착 감겼다. 정씨는 입사 전 은행에서 파트타임으로 2년간 일했던 경험을 살려 우선 은행원들부터 공략했다.

"은행이 한창 바쁜 월말엔 퇴근도 안하고 은행원들 옆에 앉아 영수증을 정리해 주고 계산기도 두들겨 줬어요."

앞뒤를 안 가리고 열심히 돕다 보니 은행원들이 직접 고객들에게 뱅크온 가입을 권해 주기 시작했다. 덕분에 당시 6개월 동안 매일 10여 명 꼴로 신규고객을 유치했고, 이런 성과를 바탕으로 2003년 하반기 부산·경남지역 '뱅크온 영업왕'에 올랐다.

이후 영업왕 자리를 한 번도 내주지 않은 정씨에게 회사는 2004년 7월 직영점 '이지 포스트 자갈치점'의 운영을 맡겼다. 그리고 점장으로 근무한 지

불과 3개월 만에 1,200여 명의 가입자를 유치하자 회사는 아예 직영점을 대리점으로 전환시켜 정씨를 사장으로 앉혔다. 오로지 실력으로 이뤄낸 초고속 인생역전이었다.

그러나 정 씨의 영업 노하우는 특별한 게 없다. 주요 타깃을 중장년층으로 잡고 이들을 아버지와 어머니를 대하듯 했다는 것뿐.

"그분들과 대화할 때 안돼요, 없어요, 몰라요 같은 부정적인 표현은 절대로 하지 않고 무슨 일이든 적극적으로 해결해 드렸더니 어느새 제 고객이 되더라구요."

— 〈국민일보〉 2004. 11.

정미선 씨가 뱅크온 영업왕이 되고 27세의 약관의 나이에 LG텔레콤 대리점 사장이 된 비결은 딱 한 가지나. 자신의 고객인 은행원과 자갈치 시장의 상인들을 도와주고 무슨 일이든 적극적으로 해결해 줬다는 것 말이다. 이처럼 고객·가망고객의 해결사·도우미·집사가 되면 그 위력은 생각보다 훨씬 크다.

상품 가격이 아무리 비싸더라도 이는 마찬가지다. 서울에서 자취를 하면서 직장생활을 하던 한 여성은 평균 15% 정도 싼 온라인 자동차보험으로 옮기려고 각 사에서 견적까지 받았으나 끝내 바꾸지 못했다고 한다. 이유는 딱 한 가지였다. 삼성화재의 담당 RC가 자신의 자취방에 가끔씩 김치와 밑반찬을 가져다 주기 때문이었다.

이같은 사례들을 소개하면 어떤 영업인들은 이렇게 하소연한다. "나도 그렇게 하는 편입니다. 고객의 집청소도 해주고 김치도 같이 담가 주고 전화와 식사도 자주 하고 명절과 기념일에도 선물과 카드를 열심히 보내는데도 신규고객 유치가 잘 안됩니다"라고 말이다. 그렇다면 과연 이들은 무엇이 문제일까? 문제는 두 가지라고 판단할 수 있다.

하나는 그런 도움을 주는 고객 수가 적다는 것이다. 대여섯 정도의 소수 고객들만으로는 한계가 있을 수밖에 없다. 두 번째로는 자신은 한다고 하는데, 고객들은 전혀 그렇게 생각하지 않는다는 것이다. '그 정도는 업계 대부분의 영업인들도 다 한다'라는 생각을 가진 고객들의 마음을 여는 것은 사실 어렵다.

그렇다면 결론은 하나다. 해결사가 되고 도우미와 집사처럼 고객과 가망고객을 도와 빚진 상태가 된 고객의 수가 경쟁자들보다 훨씬 많아야 한다.

### 4_ 체험 기회를 제공하라

자동차, 가전, 정수기, 비데기, 반신욕기, 인터넷 전화기, 화장품, 술, 식품과 같은 상품들의 공통점을 찾는다면 무엇일까? 내구성 소비재? 대체로 그렇지만 화장품과 술, 식품은 내구성 소비재가 아니다. 그렇다면 무엇이 공통점일까? 그것은 바로 경험재라는 것이다. 경험재는 직접 구입해 경험을 해보아야만 그 제품의 품질과 성능·기능 등 본원적 가치를 알 수 있는 상품을 말한다.

이것은 정보를 수집하는 방법으로 해당 상품의 본원적 가치를 어느 정도 판단할 수 있는 탐색재와는 근본적으로 다른 특징이 있다. 예를 들면, 화장품의 경우 어느 제품이 자신의 피부에 잘 맞을지 판단하는 것은 성분 분석만으로는 불가능하다. 직접 사용해 보는 수밖에 없다.

이런 경험재를 잘 팔기 위한 대표적인 마케팅 방법이 바로 체험 마케팅이다. 이는 직접 사용해 볼 기회를 제공해 품질이나 성능 등 상품의 본원적 가치를 판단하라는 마케팅으로 그 대표적인 성공 사례가 바로 김치 냉장고인 '딤채'다.

딤채는 김치 냉장고라는 이름마저 생소하던 시기에 강남지역의 주부를 대상으로 3개월간 대대적인 체험 이벤트를 실시해 성공할 수 있었다. 당시 5,000여 명의 주부들에게 DM을 발송해서 3,000여 명의 주부들이 3개월 동안 무료 사용을 신청해 결국 그중에서 2,400여 명이 무료로 사용하고 있던 딤채를 구입해 빅히트를 쳤다.

그렇다면 3,000여 명 중 무려 2,400여 명이 딤채를 구매한 이유는 무엇일까? 첫 번째로는 주부들이 김치 냉장고의 필요성을 느꼈기 때문이다. 김치 냉장고가 없었을 때에도 주부들은 잘 살고 있었다. 하지만 딤채를 사용하고 나서 주부들은 이것이 아주 유용한 제품이라는 사실을 깨달았던 것이다.

그러나 본원적 가치 외에 또 다른 한 가지 요인도 딤채의 판매를 활성화하는데 아주 중요하게 작용했다. 딤채를 사겠다고 신청한 2,400여 명의 주부들 중에는 다음과 같은 사람들이 많았다고 한다.

"처음엔 별로 기대를 하지 않고 사용했어요. 그런데 사용해 보니 앞으로 김치 냉장고 없으면 너무 불편할 것 같더라구요. 주부들을 위해 김치 냉장고를 개발하다니 참 고마운 회사더군요. 더구나 3개월 동안 공짜로 잘 썼는데 반납하려니 조금 미안하더군요. 어차피 필요성을 느꼈는데, 무료 체험에 참가한 사람들한테는 30% 할인해 준다니……."

이처럼 3개월 동안의 무료 체험 마케팅은 많은 주부들에게 '빚을 졌기 때문에 갚아야 한다'는 심리상태를 만들었다. 그 결과 딤채는 이런 체험 마케팅의 성공에 힘을 받아 시장에 성공적으로 진입할 수 있었다.

이러한 체험 마케팅은 원래 직접 사용해 봐야 상품의 본원적 가치를 알 수 있다는 목적에서 주로 시행되고 있다. 그러나 딤채의 사례처럼 무료 체험 기회를 제공해 고객·가망고객을 심리적으로 빚진 상태로 만들어 더 큰 효과를 보는 경우도 많다. 백화점이나 대형 마트의 무료 시식대가 대표적이다. 어떤 사람들은 무료 시식품을 먹기도 하지만 대개는 권유를 해도 먹지 않는다. 심리적으로라도 빚지기 싫은 사람들이 많기 때문이다.

여행업계에서도 이런 체험 마케팅으로 고객·가망고객을 빚진 상태로 만드는 기업이 있다. 국내 주요 외국계 기업을 대상으로 비즈니스 클래스 이상의 고급 항공권 예약과 호텔, 렌터카 등을 알선해 주는 기업전문 여행사 BTI 코리아가 바로 그 주인공이다. 이 기업은 매년 두 차례씩 외국계 기업의 비서들을 위한 해외여행 체험 행사를 열고 있다. 이 효과는 기대 이상이어서 이 기업의 신규고객

중 30~40%가 비서들이 소개한 고객이라고 한다.

온라인에서도 체험 마케팅은 매우 위력적이다. 옥션은 2009년 가을에 호두과자 공짜 체험단을 모집했다. 이 체험단 모집엔 400명 이상의 소비자가 신청하는 등 큰 관심을 보였는데, 일부 상품은 체험 이벤트 이후 매출이 10배 이상 증가했다고 한다. 이처럼 '직접 써보고, 먹어 보고, 바르고'라는 체험 마케팅이 다양한 업종, 다양한 상품의 영역에서 고객의 지갑을 여는 마케팅 기법으로 각광을 받고 있다.

그렇다고 해서 기업들만 체험 마케팅을 활용해 고객·가망고객을 빚진 상태로 만드는 것은 아니다. 이와 같은 고객의 심리를 이용하기 위해 체험 마케팅을 적극 활용하는 영업인도 있다. 자동차 영업인들이 제공하는 신차 무료시승이 대표적이다.

인터넷 전화 판매왕의 자리에 오른 T사 인터넷 대리점의 K 사장도 체험 마케팅을 적극 활용한 대표적인 사례다. K 사장이 판매왕의 자리에 오른 노하우는 아주 간단하다. 국제전화를 많이 사용하는 여행사를 목표고객으로 정하고 인터넷 전화를 무료로 설치해 주고 사용을 권했던 체험 마케팅이 그 노하우였다. 이렇게 한 달이 지나자 국제전화 요금이 많게는 70% 정도까지 절감되는 효과를 고객이 직접 체험하게 되었다. 그리고 그에 대한 입소문이 주변 여행사로 순식간에 퍼지게 되었다.

점두영업에서도 체험 마케팅은 큰 위력을 발휘한다. 신세계백화점 영등포점의 침대 매장이 대표적이다. 신세계백화점 영등포점은 2009년 9월에 '수면룸'을 설치했다. 침대는 직접 누워 보고 골라야 되는데 공개돼 있는 매장에서는 마음놓고 눕기가 힘들었다. 그래서 고객이 원하는 만큼 수면을 취할 수 있도록 고객의 성향에 따라 조명의 밝기를 조절하거나 음악을 제공하는 공간을 마련했다. 그 이후 신세계 영등포점의 침대 매출이 40% 넘게 증가했다고 한다.

하지만 대부분의 영업인은 이런 체험 마케팅은 경험재를 파는 영업인들에게나 유용하다고 생각한다. 은행이나 증권, 보험, 신용카드 등의 금융상품을 체험하게 하는 방법은 쉽지 않은 일이기 때문이다. 그렇다면 이들 업종의 영업인들에게 체험 마케팅은 전혀 활용이 불가능한 것일까?

그렇지 않다. 조금만 아이디어를 낸다면 얼마든지 활용이 가능하다. 이업종 영업인들과 제휴 마케팅을 하는 방법이 그것이다. 화장품 판매점과 공동으로 자신의 고객들에게 화장품 무료 샘플을 보낸다든지 프랜차이즈 식당과 공동으로 무료 시식권을 보낸다든지 반신욕기나 안마기 무료 체험의 기회 등을 제공하는 공동 마케팅을 펼치면 된다.

이상으로 고객·가망고객에게 왜 솔루션을 팔아야 하는지 그리고 솔루션을 어떻게 팔아야 고객·가망고객을 빚진 상태로 만들 수 있는 지 다양한 업종에서 활동하는 영업달인들의 사례를 들어 소개했다.

당신은 어떤가? 당신의 고객·가망고객에 어떤 솔루션을 팔고 있는가? 당신은 빚진 상태 만들기의 달인인가? 오늘, 이번주, 이번 달, 고객·가망고객을 빚진 상태로 만들기 위해 무엇을 실천했는가?

　금융이든 자동차든 제약이든 이동전화나 인터넷 전화기든 어떤 상품을 팔든 영업달인들의 공통점은 바로 빚진 상태로 만들기의 달인들이라는 사실을 다시 한 번 기억하기 바란다.

## 07_
고객에게 팔아야 할 여섯 번째:
# 특별한 경험

E M O T I O N A L
S       A       L       E       S

01 왜 특별한 경험을 팔아야 하는가?
02 고객에게 특별한 경험을 파는 4가지 방법
  1_ 이벤트로 즐거움, 감동, 추억, 향수, 호기심을 자극하라
  2_ 선물할 때 4가지를 고려하라
  3_ 경조사도 항상 고객의 기대를 뛰어넘어라
  4_ 불만고객도 알파고객으로 만들어라

# 왜 특별한 경험을 팔아야 하는가?

모든 기업이 고객을 만족시켜야 한다고 말한다. 아니 고객만족만으로는 부족하므로 고객에게 감동을 줘야 한다느니 고객이 졸도할 정도의 서비스를 제공해야 한다고까지 말한다. 그런데 최근에는 이런 말들 대신에 고객의 경험을 강조하는 기업들이 늘고 있다. 고객관계관리, 즉 CRM Customer Relationship Management에서 고객경험관리, 즉 CEM Customer Experience Management을 더해야 한다는 것이다.

그렇다면 고객 경험이란 무엇을 의미하는 것일까? 고객이 특정 상품과 인연을 맺는 과정은 다음과 같은 단계를 거친다. 홈페이지를 방문하거나 콜센터에 전화를 걸거나 주변 사람들의 의견을 듣거나 하는 등의 구매하기 전 정보탐색 단계, 상품을 구매하는 단계, 구매 후 사용하거나 반품이나 AS를 신청하는 단계, 재구매 단계 등이 그것이다.

이러한 각각의 단계에서 고객은 어떤 느낌을 갖게 된다. 홈페이지가 이용하기 편하다든지 품질과 디자인이 뛰어나다든지 영업사원이나 콜센터 직원이 친절하다든지 반품이나 AS 수준이 감동적이라든지 그런 것 말이다. 이와 같이 고객은 어떤 접점을 통해 특정 상품, 특정 회사와 접촉할 때마다 어떤 느낌을 갖게 되는데, 바로 이것을 고객 경험이라고 한다.

그렇다면 특별한 경험이란 무엇을 의미하는 것일까? 많은 기업, 많은 영업인들이 고객 경험을 이야기할 때 즐거움이나 감동을 떠올린다. 그러나 고객이 느끼도록 해야 할 경험이 이것만은 아니다. 경이로움이나 호기심 같은 것도 느끼게 해야 한다. 고객 경험이 평범해서는 고객의 마음을 열기 힘들다. 따라서 항상 고객의 기대를 뛰어넘는 즐거움, 감동, 경이로움, 호기심, 추억, 향수, 연대감 등을 고객에게 제공해 특별하다는 느낌을 갖게 만들어야 한다.

그렇다면 왜 고객·가망고객에 특별한 경험을 팔아야 하는 것일까? 앞에서 고객을 웃게 하면 사게 만들 수 있다고 했다. 웃으면 엔돌핀이 생성돼 기분이 좋아지기 때문이다. 웃게 만들려면 유머러스한 화법을 구사하는 것도 필요하지만, 재미나 즐거움을 주는 것도 유용한 방법이다.

그런데 웃게 만드는 것보다는 감동을 받게 만드는 것이 훨씬 효과적이다. 인간은 감동을 받으면 다이도르핀 이라는 호르몬이 생성되는데, 이 호르몬은 엔돌핀보다 무려 5,000배나 더 강력하다고 한다. 그렇다고 해서 5,000배나 더 많이 팔 수 있는 것은 아니겠지만, 웃게 만드는 것보다는 훨씬 효과적이라는 것만은 확실하다. 고객의 지갑은 물론 마음을 열 수 있는 가장 강력한 무기라 할 수 있는 것이다.

　이런 사실을 잘 알고 있기 때문일까? 거의 모든 영업인들이 자신의 고객에게 즐거움과 감동 등을 제공하기 위해 노력한다. 그래서 다양한 이벤트를 개최하기도 하고 특별한 서비스를 제공하기도 한다. 고객의 생일날 축하카드와 문자 메시지, 생일 케이크와 꽃다발, 와인 등을 보내는 것이 대표적이다.

　그러나 이런 노력에도 불구하고 고객·가망고객이 감동은 커녕 별로 즐거워하지 않는다며 고민하는 영업인이 점점 많아지고 있다. 그렇다면 도대체 왜 그런 것일까? 이런 영업인들은 다음과 같은 몇 가지 문제를 안고 있다고 봐야 한다.

　첫 번째는 정성이 부족하다는 것이다. 모든 고객에게 똑같은 생일축하 메시지를 적는 영업인과 고객별로 정성을 담은 맞춤형 생일축하 메시지를 보내는 영업인이 있다면, 과연 누가 고객의 마음을 더 사로잡을 수 있을까? 생일축하카드와 문자 메시지에 들어갈 단어 하나하나에도 지극정성이 깃들어 있어야 고객의 마음에 잔잔한 감동의 물결을 일으킬 수 있다.

　두 번째는 고객에게 똑같은 이벤트와 서비스를 매번 반복적으로 제공한다는 것이다. 고객의 마음은 개그 프로그램을 보는 시청자들보다 더 까다롭다. 재미있다고 깔깔거리며 웃던 개그맨의 대사나 연기도 여러 번 반복되면 금세 지루하고 싫증이 나게 마련이다. 하물며 고객은 어떻겠는가. 똑같은 이벤트와 서비스가 반복되면 대부분 감동은 커녕 별로 고마워하지 않게 된다.

세 번째는 이벤트나 서비스가 경쟁사와 경쟁자들에 비해 차별화되지 않는다는 것이다. 경쟁자들이 이미 써먹은 한물 간 서비스로는 감동은 커녕 재미나 즐거움조차 주기 어렵다. 그렇다면 어떻게 해야 즐거움, 감동, 경이로움, 호기심, 추억, 향수, 연대감 등의 특별한 경험을 고객에 제공할 수 있을까?

해법은 명확하다. 항상 고객의 기대를 뛰어넘을 수 있어야 한다. 고객의 기대를 뛰어넘기 위해 지속적으로 새로운 아이디어를 접목시켜 차별화하는 노력이 필요한 것이다.

# 고객에게 특별한 경험을 파는
# 4가지 방법

그렇다면 고객·가망고객에게 특별한 경험을 팔기 위해서는 어떤 것들이 있고 어떤 방법이 효과적일까? 인사를 잘하고 잘 웃고 친절하며 정성을 다해 고객을 대하는 것만으로도 고객에게 특별한 경험을 줄 수 있을까?

물론 가능하다. "김 대리는 인사성 밝고 항상 웃는 얼굴이야. 언제나 열정이 넘치고. 젊은 사람이 참 보기 좋군"과 같이 호감을 갖게 할 수 있다. 이처럼 호감과 열정 등 영업인으로서 갖춰야 할 자세와 태도만으로도 고객에게 특별하다는 느낌을 줄 수 있다.

그러나 그 부분은 이미 앞에서 설명을 했으므로, 여기서는 다음과 같은 4가지 방법을 통해 영업달인들은 어떻게 고객·가망고객에게 특별한 경험을 팔았는지 알아보자.

1. 이벤트로 즐거움, 감동, 추억, 향수, 호기심을 자극하라

2. 선물할 때 4가지를 고려하라

3. 경조사도 항상 고객의 기대를 뛰어넘어라

4. 불만고객도 알파고객으로 만들어라

## 1_이벤트로 즐거움, 감동, 추억, 향수, 호기심을 자극하라

최근 들어 은행, 백화점 등 다양한 업종의 기업들마다 고객을 위해 많은 이벤트를 개최하고 있다. 그림·골동품·동양란·사진·야생화 등의 전시회나 클래식 음악회·뮤지컬 오페라·연극 등의 문화 마케팅 이벤트, 테마 여행, 와인 강좌, 골프 대회 등 테마도 매우 다양하다. 물론 은행이나 백화점 같은 기업들만 이벤트를 개최하는 것은 아니다.

2009년 11월에는 크라운·해태제과도 대구·경북지역 슈퍼마켓 점주들의 부모 2,000여 명을 대상으로 '법고창신'이란 국악공연을 선 보였다. 공연 티켓을 보낼 때부터 부모님께 효도할 기회라며 어르신들의 참석을 적극 권유했는데 효과는 기대 이상이었다. 대부분의 점주들이 "지방에선 예술공연을 접할 기회가 드문데 장인·장모님이 공연을 보고 무척 만족하시더라. 이 회사 제품에 신경 좀 쓰라는 말이 솔직히 신경이 쓰이더라"는 반응을 보인 슈퍼마켓 점주들이 많았다고 한다.

기업들이 이런 이벤트를 개최하는 목적은 위의 사례처럼 고

객·가망고객을 자사에 우호적인 상태로 만들기 위해서다. 그러나 어떤 기업들은 이 정도에 만족하지 않는다. 우호적인 상태를 만드는 것을 뛰어넘어 알파고객으로 만들려는 확고한 목적을 갖는다.

하지만 이런 이벤트 마케팅에 대해 어떤 영업인들은 고개를 절레절레 흔들며 다음과 같이 말한다. "물론 이벤트를 개최해 고객에 즐거움이나 감동 등 특별한 경험을 주면 좋겠지요. 하지만 그것은 기업이나 영업본부 등 조직 차원에서 실행할 일이지 영업인 개인이 한다는 것은 불가능한 일이다"라고 말이다.

하지만 정말 그럴까? 영업인 중에도 자신의 의지로 다양한 이벤트를 개최해 고객·가망고객에 특별한 경험을 파는 이들이 존재한다. 대표적인 영업인이 대우전자와 대우일렉트로닉스에서 가전 판매왕을 수차례나 차지했던 백숙현 씨다.

### 이벤트의 여왕 백숙현 씨, 공장방문 전도사가 되다!

수차례나 판매왕을 차지한 백숙현 씨도 세일즈에 입문했을 때는 세일즈를 그만두라는 권유를 받을 정도로 성과가 부진한 영업인이었다. 3~4개월 동안 신규고객을 유치하기 위해 구두를 3켤레나 바꿔 신어야 할 정도였는데도 말이다. 이처럼 누구보다도 열심히 세일즈를 했는데도 성과가 오르지 않자 그녀는 자신의 세일즈 패러다임을 180도 바꾸기로 결심했다. 고객을 찾아가는 것이 아니라 고객이 자신을 찾아오도록 하는 방법으로 말이다.

고객이 영업인을 스스로 찾아오도록 만들려면 어떻게 하면 될까? 물론 여러 가지 방법이 있을 것이다. 대표적인 방법이 자신의 분야에서 최고 전문가라는 명성을 얻는 것이다. 또 다른 방법은 고객들로부터 영업인 자신의 이름 대신 '해결사', '내 인생의 멘토', '동반자', '재테크 선생님'과 같은 닉네임으로 불리는 것이다. 이런 상태가 되면 명성과 닉네임을 듣고 고객·가망고객들이 스스로 해당 영업인을 찾게 된다.

그러나 백숙현 씨는 두 가지 대신 이벤트를 통해 가망고객과 고객들이 자신을 찾게끔 만들었다. 재미와 즐거움 등의 특별한 경험을 주기 위한 이벤트 마케팅을 본격적으로 실행한 것이다. '비디오 대여' 이벤트를 시작으로 '재롱잔치', '컴퓨터 무료강좌', '컴퓨터 경진대회', '공장방문', '전자레인지 요리강습', '미스 미스터의 밤', '푸른 신호등 노래자랑' 등 수백 회의 이벤트를 개최했다.

그중 공장방문 이벤트는 200회 넘게 개최되어 그녀에게 '공장방문 전도사'라는 새로운 별명을 얻게 해주었다. 공장방문 1회에 평균 40명을 초청하였으니 8,000명이 넘는 가망고객들을 발굴한 셈이다. 맨 처음 공장방문 대상은 여의도 주요 아파트 단지의 통반장 40명이었다. 대략의 일정은 차량으로 이동, 공장견학, 점심식사, 차량으로 이동 중에 레크레이션과 노래자랑, 가까운 명소구경, 그리고 선물을 주고 고객카드를 작성하는 것이었다.

200회가 넘는 공장방문 이벤트는 백숙현씨 자신이 주부판매사원인지, 아니면 공장견학 안내인인지 헷갈릴 정도로 오랫동안 장기적으로 진행된 가망고객 발굴 이벤트였다. 공장방문 이벤트를 통해 새로운 이벤트를 개최하기도 했다. 개인택시기사 부부동반 공장방문이 대표적이다. 개인택시기사 부부동반 공장방문은 인기가 너무 높아 밀려드는 신청을 소화하느라 매일 서울과 구미를 왕복해야 할 정도였다고 한다.

이렇게 해서 1,000명이 넘는 개인택시기사 부부를 가망고객으로 확보하였다. 백숙현 씨는 여기서 그치지 않고 이들을 대상으로 부부동반 노래자랑 이벤트인 '푸른 신호등 노래자랑'과 '개인택시기사를 위한 축구대회' 등의 이벤트도 계속 개최하였다.

가히 이벤트의 여왕으로 불러도 손색이 없을 정도다. 특히 그녀는 이런 이벤트를 통해 물건을 사라고 강권해 본 적이 없다고 한다. 오히려 가망고객들이 먼저 사겠다고 요청해 온 경우가 대부분이었다. 가망고객들에게 공장방문이라는 특별한 경험과 레크레이션과 노래자랑 등을 통해 즐거움을 팔았기 때문이다.

최근 들어서는 마술을 활용해 고객·가망고객에 특별한 경험을 파는 영업인들도 있다. 글락소스미스클라인GSK코리아 백신사업부의 이재규 과장이 대표적이다.

**제약업계의 마술사!**

이재규 과장은 '제약업계의 마술사'로 통한다. 병원이나 세미나 장소에서 무료로 마술 공연을 하거나 강연을 열어 마술을 가르친다. 주경야독으로 마술 실력을 갈고 닦았다는 그는 "업무에 시달리는 의사들과 병마로 고생하는 환자들에게 잠시나마 휴식과 즐거움을 주고 싶어 마술을 배웠다"고 한다.

병원장과 의료진이 이 과장에게 부탁해 열린 마술쇼도 잦다. 이런 노력 덕분인지 그는 2009년 GSK 내에서 상위 5%에 드는 영업실적을 올렸다.

- 〈중앙일보〉, 2010. 2.

이와 같은 사례를 소개해도 많은 영업인들은 '꼭 그렇게 까지 해야 하나?', '내가 과연 할 수 있을까?', '한다면 정말 효과가 있을까?', '난 B2B 세일즈를 하므로……'와 같은 생각들을 한다. 물론 백숙현 씨나 이재규 과장처럼 이벤트 마케팅을 하지 않고서도 세일즈 목표를 달성한다면 문제될 게 없다.

그러나 남들 못지않게 열심히 노력하는데도 성과가 별로인 영업인들은 한 번 더 생각해 봐야 한다. 자신의 세일즈 방식이 '경쟁자들에 비해 차별화되고 있는가? 고객에 즐거움과 감동을 주고 있는가?'에 대해서 말이다.

대부분의 이벤트들은 재미와 즐거움, 감동을 주기 위한 목적으로 시행된다. 그러나 추억과 향수를 자극하는 이벤트도 고객에게 특별한 경험을 갖게 한다. 하나은행 매봉지점의 고객과 봄나물 캐기 이벤트가 대표적이라고 할 수 있다.

**부자고객들과 호미 들고 나물 캐러 갑니다**

손끝에 물 한 방울 묻힐 것 같지 않은 고객들을 대상으로 땅 파고 나물 캐는 '역발상' 이벤트를 벌이는 은행이 있어 화제다. 하나은행 매봉지점은 서울 도곡동 타워팰리스와 아크로빌에 살면서 PB 서비스를 받는 부자고객들을 대상으로 '봄나물 캐기' 마케팅을 실시했다.

양평 유명산에서 이뤄지는 봄나물 캐기 이벤트는 전문 약초꾼 4명이 안내를 맡고 점심은 현지에서 캔 봄나물로 반찬을 하며 가마솥에 보리밥을 지어먹는 일정으로 진행됐다. 또 고객들이 봄나물을 캔 뒤에는 양평 5일장을 돌아보는 등 '고향'에 대한 옛 기억을 떠올리게 하는 일정으로 짜여져 있다.

하나은행 매봉 지점장은 "부자고객들이 원하는 것은 미술품 경매소식이나 클래식 음악 티켓만이 아니라 봄나물처럼 오히려 땅과 고향에 대한 기억"이라며 "이벤트 참가신청이 몰려들어 신청을 받자마자 정원이 다찼다"고 말했다.

— 〈서울경제〉, 2004. 04.

그렇다면 이 이벤트는 왜 신청을 받자마자 정원이 다 찼을까? 아지랑이가 피어오르던 고향의 봄에 대한 추억과 향수가 고객들의 마음을 움직이고 사로잡았기 때문이다. 엄마 손을 잡고 언니, 친구, 이모와 함께 쑥을 캐고 나물캐던 옛날의 향수가 아지랑이가 피어오르는 봄날이 되면 떠오르는데, 마침 나물을 캐는 추억을 재현할 기회를 제공한다니 선착순으로 신청하고 싶은 마음이 들었던 것이다.

어떤 영업인들은 이벤트를 개최하고 싶어도 공장이 없어 공장방문 이벤트를 할 수 없다거나 자신은 손재주가 없어 마술쇼 같은 이벤트에 도전했는데 잘 안되더라고 말하기도 한다. 참신한 이벤트 아이디어가 떠오르지 않다 보니 차일피일 미루게 되더라는 말도 덧붙이면서 말이다. 이런 고민을 갖는 영업인들이 이벤트 마케팅을 잘할 수 있는 방법은 없을까? 두 가지 방법이 있다.

첫 번째는 기존의 이벤트를 카피하는 방법이다. 많은 기업에서 실행되고 있는 전시회, 문화 마케팅, 견학 프로그램 등을 참고로 해서 비슷하게 프로그램을 만들어 보는 것이다.

두 번째 방법은 각 지자체들이 매년 개최하는 체험 이벤트를 활용하는 것이다. 밤 따기 체험, 포도 따기 및 와인 담그기 체험, 갯벌 체험, 한지 체험 등 지자체에서 진행하는 체험 프로그램만 해도 연간 수백여 개에 이른다. 이런 체험 프로그램을 맞춤형으로 진행한다면, 고객·가망고객에 아주 특별한 경험을 제공할 수 있다.

마지막으로 이벤트 마케팅을 통해 고객·가망고객에 특별한 경험을 주기 위해 반드시 고려해야 할 사항에 대해 알아보자.

첫째는 붕어빵 이벤트에 머물러서는 안 된다. 경쟁사나 경쟁자의 이벤트와 똑같거나 비슷해서는 고객·가망고객에게 특별한 경험을 주기보다는 덤덤한 경험밖에 줄 수 없다. 자신만 실행하는 이벤트라도 매번 똑같아서는 효과가 반감된다. 따라서 같은 주제의 이벤트라도 새로운 아이디어를 가미해 매번 업그레이드를 해야 특별한 경험을 줄 수 있다.

둘째는 항상 고객의 기대를 뛰어넘어야 한다. 즐거움, 감동, 추억, 호기심 등 특별한 경험을 주기 위해서는 항상 고객의 기대를 뛰어넘어야 한다. 고객·가망고객이 당연하다는 정도로는 긍정적인 효과를 거두기 어렵다.

셋째는 맞춤형 이벤트가 돼야 한다. 그림을 좋아하지도 않고 관심도 없는 고객에게 갤러리 투어 이벤트에 초대하는 우를 범해서는 안 된다. 따라서 고객·가망고객별 취미와 취향을 잘 파악하는 것이 중요하다.

## 2_ 선물할 때 4가지를 고려하라

'추석을 앞두고 고객에게 선물을 보내야 하는데, 하자니 지갑이 울고 안 하자니 고객이 섭섭해 하고. 도대체 어떤 선물을 해야 하지?'

영업인 치고 이런 고민을 안 해본 사람은 아마 없을 것이다. 그렇다면 선물은 왜 하는 것일까? 자신의 상품과 서비스를 구입해 준 것에 대한 고마움을 표시하거나 더 많은 비즈니스 기회를 만들기 위해서다.

하지만 선물을 한다고 해서 모두 고마워하는 것은 아니다. '이거 별로네' 라거나 '이 정도밖에 안 돼?'라며 노골적으로 불만을 나타내는 고객도 있다. 이처럼 선물의 효과는 천차만별이다. 상당한 비용과 노력을 기울이는데도 이렇게 차이가 나는 이유는 대개 고객·가망고객의 마음을 끌지 못하기 때문이다.

그렇다면 선물은 반드시 비싸야 제맛일까? 비싼 선물이래도 남들이 다하는 정도의 선물이나 고객이 별로 필요로 하지 않는 선물은 별 효과가 없다. 그렇다면 도대체 어떤 선물을 어떻게 해야 효과가 있는 것일까?

고객·가망고객을 기쁘게 하거나 잔잔한 감동 등 특별한 경험을 줄 수 있는 선물이어야 한다. 그리고 그러기 위해서 선물하는 사람은 다음과 같은 4가지를 고려해야 한다.

첫째, 대가를 바라는 선물이어서는 안 된다. 선물은 상대에 대한 고마움의 표시 그 자체로 끝나야 한다. 당연히 비용도 자신과 회사가 감당할 수 있는 범위 내에서 해야 한다. 무언가를 바라면서 주는 것은 선물이 아니라 뇌물이다.

둘째, 정성을 담은 선물을 해야 한다. 추석이나 설, 고객의 결혼기념일이나 생일에 당신은 고객에게 어떤 선물을 보내는가? 명절에는 보통 과일상자나 정육세트, 참기름이나 참치캔, 생활용품 세트 등을 선물하는 영업인들이 많을 것이다. 생일이나 결혼기념일에는 축하카드와 함께 케이크와 꽃다발을 주로 보낸다.

그러나 이러한 선물에 정성을 담지 못하면 효과가 반감된다. 이 사실을 잘 아는 어떤 영업인들은 그래서 고객에게 복분자 한 병이나 비누 한 개를 선물하더라도 정성을 담기 위해 노력한다. 이런 의미에서 복분자 술 한 병, 수제 비누 한 개에 정성을 담은 사례를 소개한다.

**선물에 담긴 정성은 고객을 움직인다!**

지금은 명절이 되면 대형 마트나 백화점에 가도 쉽게 구할 수 있는 복분자지만, 몇 년 전에는 그렇지 않았다. 모 은행의 OOO PB는 자신의 고객들에게 정성을 선물하고자 자신이 직접 복분자 술을 담가서 선물을 하려 했다. 그래서 4월말 경에 복분자를 재배하는 농가를 인터넷으로 검색해 연락했다. 수확철인 5월에 복분자를 구하기 위해서였다.

그러나 그는 그 해에 복분자를 구하지 못했다. 그 농가로부터 이미 계약 재배를 해서 자신에게 팔 복분자가 없다는 말을 들었던 것이다. 그 해 추석에 복분자 술을 직접 담가 선물하려던 계획도 물론 진행할 수 없었다.

그래서 그는 다음 해에는 복분자를 재배하는 농가와 미리 계약을 했다.

그런 다음에야 복분자를 구해 술을 담글 수 있었다. 그 해 추석에 그는 자신의 고객들에게 복분자 술을 선물했다. 복분자 술을 직접 담그기 위해 1년 전부터 준비했다는 내용을 적은 카드와 같이 보낸 것이다.

자신이 정성스레 만든 수제비누를 선물하는 영업인도 있다. 비누별로 들어간 원재료를 자세하게 설명하면서 그 비누가 아토피에 좋은지, 어떤 피부에 좋게 작용하는지 등 비누의 효능까지 정성스럽게 적어 선물을 했다. 그 선물을 받은 고객 중 한 명은 이렇게 말했다고 한다. "내가 지금까지 받은 선물 중 가장 기억에 남는 선물이다. 정말 정성이 대단하다"라고 말이다.

또한 지병으로 당뇨가 있는 고객을 위해 당뇨에 좋다는 누에를 구하기 위해 지방까지 왕복 6시간을 넘게 걸려서 다녀오는 영업인도 있다.

이처럼 술 한 병, 비누 한 개, 사과 한 상자를 선물하더라도 정성을 담아야 한다. 3년 전부터 준비한 선물이라거나 이 세상에서 단 하나뿐인 선물이라는 말은 고객을 기쁘게 하거나 잔잔한 감동을 준다. 값비싼 선물만이 고객의 마음을 기쁘게 하는 것은 아닌 것이다.

이제부터는 고객에게 선물을 할 때 정성, 아니 지극정성을 담아 보자. 그러려면 고민의 차원도 달라져야 한다. '이번 설에는 고객에게 어떤 선물을 하지?'가 아니라 '이번 추석 선물에는 어떤 정성을 담을까?'와 같이 말이다.

셋째, 고객이 꼭 필요로 하거나 도움을 줄 수 있는 선물이어야 한다. 영업인이나 영업본부에서 고객에게 선물을 보내는 과정은대략 다음과 같다. 정육이나 굴비세트, 참기름세트 등의 품목을 결정한 후, 백화점이나 마트에 일괄적으로 주문한 후 고객에게 배송하거나 직접 전달하는 경우가 대부분이다.

그러나 이런 선물 역시 효과가 반감된다. 고객이 진정으로 원하는 것이 아니기 때문이다. 따라서 선물은 고객이 원하는 것, 즉 맞춤 선물이 효과적이다. 고객은 비싼 것보다는 오히려 자신의 성향에 맞는 선물을 했을 때 만족한다.

따라서 고객이 평소에 사기 힘든 지역 특산물이나 좋아하는 상품을 메모했다가 선물하면 고객들은 정말 고마워할 것이다. 백화점이나 마트 등에 대량 주문하고 발송하는 것은 회사나 영업인 모두에게 편리하다. 하지만 그런 식으로 선물을 해서는 고객을 만족시킬 수도 특별한 경험을 주기도 어렵다.

그러므로 조금 더 신경을 써서 고객별로 맞춤 선물을 해야 한다. 골프광인 고객에게는 골프와 관련된 선물을, 등산을 좋아하는 고객에게는 등산용품을, 낚시를 좋아하는 고객에게는 낚시용품을, 건강에 관심이 많은 고객에게는 건강과 관련된 선물을 하는 것이 훨씬 효과적이다.

넷째, 스토리가 있는 선물이어야 한다. 스토리가 있는 선물이란 선물 그 자체에 어떤 이야기가 깃들여진 것을 말한다. A백화점의 경우 2010년 설날 선물세트로 '예천준시'라는 곶감 선물세트를 준비한 적이 있었다. 예천준시에는 다음과 같은 스토리가 전해져 오기 때문이었다.

"경북 예천에서 생산되는 곶감의 일종인 예천준시를 두고 십년일득十年一得이란 말이 있다. 십 년에 한 번 얻을 수 있을 정도로 귀

하단 뜻으로, 조선시대엔 임금님에게 진상품으로 사용됐다고 한다. 또한 예천준시를 만드는 감나무는 다른 감나무와 접목이 안 되고, 바로 옆 동네에 옮겨 심어도 감이 잘 자라지 않는다."

위 사례를 읽고 나서 어떤 영업인은 이런 생각을 할 것이다. '스토리가 있는 선물을 하려면 돈이 많이 들겠군. 저 정도의 곶감이면 적어도 몇 십만 원 할 테니'라고 말이다. 그러나 이런 고민은 하지 않아도 된다.

하나은행에서 값비싼 선물 대신 스토리가 담긴 된장을 고객에게 선물한 적이 있었다. 전통 장을 만드는 명인이 맑은 물, 깨끗한 공기, 자연의 숨결이 살아 숨쉬는 청학동에서 가장 전통적인 방식으로 만든 '청학동 신토불이 명품 된장'이라는 스토리가 담긴 된장이었다. 선물 가격은 물론 정육이나 굴비세트에 비해 훨씬 적게 들였다.

그냥 국수가 아닌 스토리가 있는 국수도 있다. 필자에게 국수를 선물하고 싶다며 어떻게 하면 좋겠느냐고 자문을 구한 마케터가 있었다. 필자가 도대체 어떤 국수냐고 물었더니 이런 국수였다. 첫째, 강원도 평창에 사는 전통 국수를 만드는 국수 명인이 만든 것이었다. 둘째, 외국에서 수입한 밀로 만든 국수가 아니라, 평창에서 유기농 농법으로 재배한 국산 밀을 가지고 만든 신토불이 국수였다.

그 국수는 제법 훌륭한 스토리를 가지고 있었다. 그냥 평범한 국수가 아니라 우리나라에서 손꼽히는 전통 국수의 명인이 평창에서 직접 수확한 밀로 만든 '신토불이 명품국수'였다. 명품이란 원래 뛰어난 장인이 직접 손으로 만든 제품을 말한다. 그 국수는 두말할 필요도 없는 신토불이 명품국수였다.

이처럼 주변에서 조금만 관심을 갖고 살펴보면 훌륭한 스토리가 담긴 선물거리는 무궁무진하다. 누구라도 관심을 가지면 훌륭한 스토리가 담긴 선물을 할 수 있다. 따라서 이제부터는 선물을 할 때 고민의 차원이 달라져야 한다. '어떤 선물을 해야 할까?'가 아니라 '그 고객이 필요로 하는 것은 무엇일까? 어떻게 정성을 담을까? 스토리가 있는 선물로는 무엇이 좋을까?'와 같이 말이다.

그리고 이런 고민을 해결하기 위해 노력하다 보면, 어느새 당신의 선물이 불러오는 효과 또한 몇 배로 커질 것이다. 아마도 당신은 고객이나 회사의 동료들로부터 '선물의 달인'이란 닉네임으로 불릴지도 모른다.

## 3_ 경조사도 항상 고객의 기대를 뛰어넘어라

모든 영업달인들에게 세일즈 노하우나 비결 같은 것이 있느냐고 물으면 대부분 특별한 것은 없다고 말한다. 그저 신념과 열정, 진실과 성실함을 가지고 적극적으로 세일즈를 하다 보니 자연스럽게 성과가 따라 오더라는 말들을 하곤 한다.

하지만 이들과 좀 더 깊은 이야기를 나누다 보면 그들 나름대로의 세일즈 노하우가 분명 있다는 알 수 있다. 대부분 필자가 강조하는 고객에게 팔아야 할 7가지 중 한두 가지를 아주 잘 파는 노하우 말이다.

그런데 어떤 업종, 어떤 영업달인이라도 공통적으로 하는 말이 있다. 고객·가망고객의 경조사를 잘 챙겨야 한다는 말이 바로 그것이다. 고객과 기쁨과 슬픔을 함께 나눌 수 있기 때문이란다. 대부분 경사보다는 조사를 특히 더 잘 챙겨야 한다는 말도 덧붙인다. 어려울 때 고객의 슬픔을 위로해 주고 고객과 같이 슬픔을 함께 나누는 것이 고객의 마음에 더 깊이 새겨지기 때문이란다.

어쨌든 그들의 말처럼 고객·가망고객의 경조사는 잘 챙겨야 한다. 하지만 경조사를 챙기는 것도 좀 더 특별해질 필요가 있다. 대다수 영업인들은 자신이 어느 누구 못지않게 경조사를 잘 챙긴다고 생각할 것이다. 그러나 고객은 그렇게 생각하지 않는다. 그저 자신의 경조사에 와줘 고맙다는 정도인 고객들이 많다. 그렇다면 어떻게 하면 특별한 감정을 갖도록 만들 수 있을까? 다음과 같은 방법들이 있다.

첫째, 조사의 경우에는 연락받은 즉시 가장 먼저 찾아가는 것이 좋다.

둘째, 진심으로 고객과 기쁨과 슬픔을 함께 나누어야 한다. 방명록에 이름을 적고 경조금 봉투를 내고 얼굴 내미는 정도로는 부족하다. 특히 조사의 경우에는 오랫동안 슬픔을 함께 나눌수록 좋다.

셋째, 고객·가망고객의 기대를 뛰어넘어야 한다. "이렇게 먼 곳까지 찾아오실 줄 몰랐습니다, 더욱이 연락도 드리지 않았는데, 어떻게 알고 찾아오셨습니까. 정말 고맙습니다"와 같은 반응을 얻어

낸다면 아주 효과적이다. 여기서 문제는 알리지 않은 고객·가망고객의 경조사를 어떻게 알고 찾아 가느냐는 것이다.

그런데 고객이 경탄할 정도로 경조사를 잘 챙기는 영업인이 있다. 중견 부동산 개발업체 A사의 P관리부장을 고객으로 두고 있는 외환은행 K지점장이 바로 그 주인공이다. P부장은 K지점장이 자사 임직원들의 경조사를 기가 막히게 잘 챙겨 경탄을 보낸 적이 한두 번이 아니었다.

알리지도 않은 자사 임직원들의 경조사에 K지점장은 어김없이 모습을 드러냈다. 알리지 않았는데도 귀신처럼 알고 모습을 나타내는 K지점장을 보며 어떨 땐 소름이 돋을 정도였지만 P부장은 어쨌든 그 정성이 너무 고마웠다고 한다. 그렇다면 K지점장이 이렇게 귀신처럼 고객사 임직원의 경조사를 잘 챙길 수 있었던 비결은 과연 무엇이었을까?

그 비결은 바로 고객사인 A사 관리팀의 여직원을 정보원으로 활용한 것이었다. K지점장은 A사 임직원의 경조사가 있으면 자신에게도 알려 달라며 여직원에게 기회가 있을 때마다 영화나 연극 티켓 등을 선물하면서 자신의 충실한 정보원으로 만들었다. 고객이 소름이 돋을 정도로 경조사를 잘 챙긴다는 그의 노하우도 알고 보면 아주 간단한 방법이었던 것이다. 법인 고객을 상대하는 영업인이라면 벤치마킹 할만한 사례라고 할 수 있다.

그렇다면 개인 고객의 경우에는 어떻게 하면 좋을까? 고객·가망고객의 주변 사람들을 정보원으로 만들어 경조사만큼은 꼭 연락해 달라고 하는 방법이 있다. 이렇게 한다면 아마 당신도 고객·

가망고객이 깜짝 놀랄 정도로 경조사를 잘 챙기는 영업인으로 기억될 것이다.

## 4_ 불만고객도 알파고객으로 만들어라

영업을 하다 보면 어쩔 수 없이 불만을 가진 고객들을 만나게 된다. 상품의 품질이나 성능 등 본원적 속성에 대한 불만이든 배송이 지연된 데 대한 불만이든 불친절한 태도 때문이든 말이다. 하지만 불만의 유형과 관계없이 영업인이라면 이러한 고객의 불만을 완벽하게 처리해야 한다.

어떤 기업, 어느 영업인이라도 피해갈 수 없는 게 불만고객이다. 그런데 이러한 불만고객을 어떻게 응대하느냐에 따라 그 고객을 열렬한 팬, 즉 알파고객으로 만들 수도 있고 나쁜 경험을 전파하는 바이러스 고객으로 만들 수도 있다.

그래서 최근에는 사전에 고객의 불만을 예방하고, 부득이하게 발생하는 불만과 피해에 대해 신속하게 대응할 수 있는 체제를 구축하기 위해 소비자 불만 자율관리 시스템CCMS을 도입해 시행하는 기업들이 늘고 있다. CCMSConsumer Complaints Management System는 일종의 불만고객 예방 및 관리 매뉴얼이다.

그런데 CCMS가 됐든 불만고객 응대 시스템이 됐든 영업인이 불만고객을 대할 때 지켜야 할 원칙이 있다. 고객을 설득할 때 반드시 고객의 기대를 뛰어넘는 특별한 경험을 줄 수 있어야 한다는 것이다. 다음의 사례처럼 말이다.

### 하자를 오히려 전화위복의 계기로 만든 BIP

부산의 선박 인테리어와 컬러 강판을 제조하는 회사인 BIP는 1978년 설립된 회사다. 1984년부터는 부산에 강판 공장을 차리고 생산에 들어가 일본·독일·영국 등에서 품질검사를 받고 합격통지도 받았다. 그러나 국내의 어떤 조선소도 BIP의 강판을 쳐다보지 않았다. 선주가 난생 처음 보는 회사의 제품을 원치 않는다는 이유 때문이었다.

그러던 중 기회가 찾아왔다. 해외 강판에 비해 가격이 저렴하고 품질이 우수하다는 점을 인정받아 건설이 한창이던 부산 지하철 1호선에 내장재용 강판을 공급하게 된 것이다. 모두 7개 역사가 BIP의 내장재로 꾸며진 BIP의 '모델 하우스'였다. BIP는 일본의 선주를 초청해 구경을 시켰고, 결국 일본의 소선업체가 먼저 구매를 제의해 왔다. 국내 단가보다 15% 이상 높은 가격을 받고 첫 수출에 성공했다.

그러나 곧이어 위기가 찾아왔다. 강판에 PVC필름을 붙여 컬러를 입힌 PVC강판 1,800만 원 어치를 일본 지바 조선소에 수출했는데, 강판의 색이 변하는 하자가 생겼다는 국제전화를 받은 것이다. 햇빛 때문에 갈색이 초록색으로 바뀐 것이 원인이었다. BIP의 조성제 회장은 즉시 밤샘으로 작업해 부랴부랴 강판을 새로 만들었다. 시모노세키까지 여객선으로 운반한 다음 화물차로 지바에 도착한 것이 사흘 뒤였다. 운반비만 6억 원에 달했다.

조 회장은 "하자를 통보받은 지 사흘 만에 새 제품을 싣고 조선소로 들어가자 당시 지바 조선소 간부들의 깜짝 놀라는 표정이 지금도 생생하다"며 "그 뒤로는 더 큰 신뢰가 쌓여 평생고객이 됐다"고 말했다. 이런 경험이 전화위복이 돼 선실 설계와 장치, 인테리어까지 모두 맡는 턴키방식으로 일본 조선소에 진출했다. 일본에서 기술력을 인정받았다는 소식이 전해지자 대만의 조선소도 손을 뻗어왔다.

이후로는 순탄한 항해였다. 컬러 강판을 비롯해 친환경 강판, 불소수지 강판 등 40여 종류의 강판을 독자적으로 개발하는데 성공했고, 제품 모두 유명 조선소에 납품됐다.

이처럼 불만고객에게 깜짝 놀랄 정도로 대응하면 오히려 신뢰를 얻어 열렬한 팬, 즉 알파고객으로 만들 수 있다. 이는 우리가 자주 이용하는 식당 같은 곳에서도 마찬가지다. 식당을 이용하다 보면 가끔 음식에서 머리카락을 발견하곤 한다. 이런 경우, 대개는 종업원이 와서 사과를 하고 다시 새로운 음식으로 가져다 준다. 그러나 이 정도로는 알파고객이 되기는 커녕 불만도 완전히 해소할 수 없다.

그럴 때는 이렇게 하면 어떨까? 먼저 종업원이 사과를 한 다음, 식당 주인이 와서 또 한 번 정중하게 사과를 한다. 그러나 사과만으로 끝나서는 안 된다. 고객의 기대를 뛰어넘는 무언가를 줘야 한다. 예를 들면, 자기 식당에서 가장 자신이 있는 음식 메뉴를 서비스로 준다든지, 그 고객과 같이 식사를 한 테이블의 음식 값을 모두 받지 않는 방법 말이다.

어떤 사람은 '꼭 그 정도로까지 해야 하나?'라는 생각을 할 것이다. 그러나 불만고객은 반드시 그렇게 응대하는 것이 바람직하다. 그 정도의 서비스를 제공해야 고객의 마음을 사로잡을 수 있고 주변 사람들에게 입소문이 전파될 수 있기 때문이다.

또 어떤 사람들은 '나도 그러고 싶은데 회사의 규정이나 시스템 내에서 대응하다 보면 쉽지 않다'라고 말할 수도 있다. 물론 그럴 수 있다. 그런데 삼성전자의 경우, 같은 내용으로 고객이 애프터서비스를 신청해서 그 문제가 3번 이상 해결되지 않으면 무조건 현금으로 환불해 주는 제도가 있다.

여기서 중요한 것은 회사의 규정이나 시스템이 아니다. 고객도 정작 중요하게 생각하는 것은 회사의 규정이나 시스템이 아니라 영업인이나 서비스를 제공하는 사람의 태도인 경우가 많다. 따라서 고객의 기대를 뛰어넘는 특별한 경험놀라움. 지극 정성 등을 주기 위해서 헌신적으로 노력하는 모습을 보여줄 필요가 있다. '회사의 규정이 이렇지만 제가 최선을 다해 해결해 보겠습니다'라는 열정을 고객에게 보여줘야 하는 것이다.

지금까지 영업인이 팔아야 할 특별한 경험에 대해 소개했다. 그렇다면 고객에 팔아야 할 특별한 경험 중에서 가장 강력한 경험은 어떤 것일까? 재미나 즐거움일까? 기대를 뛰어넘는 경이로움일까? 감동일까? 아니면 추억이나 향수일까? 그건 아마 추억이나 향수일 것이다. 재미나 즐거움 보다는 감동이 훨씬 더 강력하다. 재미있거나 즐거워 웃을 때 발생하는 엔돌핀보다 감동을 받았을 때 생성된다는 다이도르핀이라는 호르몬이 엔돌핀보다 5천배나 더 강력한 효과가 있기 때문이다.

그런데 감동이라는 경험도 시간이 지나면 잊혀지게 마련이다. 이런 관점에서 보면 장기적으로 지속성을 갖는 특별한 경험은 추억이나 향수를 자극하는 것일 수 있다. 고향에 대한 추억, 부모님에 대한 추억, 첫 사랑에 대한 향수 등은 몇십 년이 지나도 잊혀지지 않고 오히려 더 아련하게 남기 때문이다.

이제부터 고객에게 추억과 향수라는 불멸의 멋진 경험을 파는 영업달인에 도전해 보는 것은 어떨까?

# 08_

고객에게 팔아야 할 일곱 번째:
# 스토리

E M O T I O N A L
S      A    L   E   S

01 왜 고객에게 스토리를 팔아야 하는가?
02 고객에게 팔아야 할 3가지 스토리
  1_ 최고 전문가라는 명성
  2_ 두번째 이름, 닉네임
  3_ 퍼스널 브랜드 파워

# 왜 고객에게 스토리를 팔아야 하는가?

최근 들어 상품이나 서비스 그 자체보다 스토리, 즉 이야기를 팔아야 한다는 사람들이 부쩍 많아졌다. 고객들이 상품의 본원적 속성보다 그 상품이 탄생하게 된 배경, 재미있는 에피소드 등에 더 많은 관심을 갖기 때문이다. 예를 들면, 그냥 명품 핸드백이 아니라 '어느 영화에서 유명 여배우 누구누구가 메고 나왔던 그 핸드백'이란 이야기가 사람들 입에 오르내리기에 더 좋은 소재가 된 것이다.

이처럼 이야기를 활용한 마케팅을 스토리텔링이라 한다. 스토리텔링은 말 그대로 특정 상품이나 브랜드와 관련된 에피소드, 고객들이 사용하면서 느꼈던 특별한 경험, 재미있었던 추억과 같은 이야깃거리 등이 고객들 사이에 전파돼 고객이 스스로 찾아오도록 하는 마케팅 방법을 말한다.

우리나라에서 스토리텔링의 효과를 가장 크게 가져온 사례를 꼽으라면 '하회마을'을 꼽을 수 있다. 하회마을은 1999년 영국의 엘리자베스 여왕이 한국을 방문했을 때 "한국의 전통문화가 가장 잘 보존된 곳을 보고 싶다"며 방문한 곳이다.

안동 하회마을은 풍산 류 씨가 씨족마을을 이루고 있으며, 조선시대 중기인 류운룡·류성룡 형제 대대부터 번창한 마을이다. 낙동강 줄기가 S자 모양으로 동·남·서를 감싸고 있는 데다 독특한 지리적 형상과 빼어난 자연경관을 갖추고 있으며 민속과 유교의 전통을 잘 간직하고 있어 우리나라 정신문화의 연구·보존·발전에 중요한 위치를 차지하고 있는 마을이다.

그러나 엘리자베스 여왕이 다녀간 후부터는 이와 같은 하회마을에 관한 내용, 즉 본원적 속성보다 오히려 '엘리자베스 여왕이 가장 한국적인 전통문화가 보존된 곳을 보고 싶어 방문한 곳'이라는 이야기가 많은 사람들의 입에 오르내리며, 수많은 사람들이 방문하고 있다. 10년이 지났지만, 환한 미소로 하회마을을 방문했던 여왕의 모습을 떠올리면서 말이다.

그 이후 하회마을은 주한 외교 사절로 우리나라를 방문하는 외국인들에게 방문의 필수 코스가 되었다. 엘리자베스 여왕의 스토리가 그들에게 전파되었기 때문이다. 이처럼 스토리텔링의 효과는 위력적이다. 고객과 잠재고객들 사이에 전파되는 것에 그치지 않고 그들이 스스로 찾아오도록 만들기 때문이다. 고객에게 스토리를 팔아야 하는 결정적 이유가 바로 여기에 있다.

그렇다면 이런 스토리는 어떻게 만들어지는 것일까? 두 가지 경로를 통해 만들어진다. 하나는 기업이나 마케터가 전혀 의도하지 않았는 데도 자연스럽게 사람들 사이에 전파되는 경우다. 방금 소개한 하회마을과 오십세주 같은 케이스가 대표적이다.

다른 경로는 기업에서 의도적으로 스토리를 만들어 전파하는 경우다. 인형에 지속적으로 새로운 스토리를 접목시켜 50년이 넘는 장수 브랜드로 키워 낸 바비인형이나 앞에서 소개했던 예천준시나 청학동 신토불이 명품된장 같은 경우가 바로 이런 경우에 해당된다. 즉 스토리텔러 브랜드를 전략적으로 키워내는 마케팅 방법이라고 할 수 있다.

그런데 스토리텔러 브랜드를 만들기 위한 방법은 다음과 같은 3가지가 있다.

첫 번째 방법은 유명인사와의 에피소드를 브랜드에 접목시키는 것이다. 하회마을과 엘리자베스 여왕, 쇼메와 나폴레옹 황제, 테디베어와 루즈벨트 대통령을 접목시키는 것처럼 말이다.

두 번째 방법은 앞서 소개했던 예천준시나 쇼메의 아뜨리에 경우처럼 핵심 가치를 만드는 것이다. 그리고 세 번째 방법은 브랜드에 역사와 전통을 접목시키는 것이다.

이처럼 영업인들도 스토리를 팔아야 한다. 스토리는 고객이 당신을 스스로 찾아오게 만들기 때문이다. 필자는 이를 '스토리셀링'이라고 하고, 이렇게 스토리를 파는 영업인을 '스토리셀러'라 부른다. 그렇다면 영업인은 스토리를 어떻게 팔아야 할까? 다음과 같은 3가지 방법이 있다.

1. 최고 전문가라는 명성
2. 두 번째 이름, 닉네임
3. 퍼스널 브랜드 파워

그렇다면 영업인들은 이것을 어떻게 팔아야 할지 본격적으로 알아보도록 하자.

# 고객에게 팔아야 할 3가지 스토리

### 1_ 최고 전문가라는 명성

모든 영업인들은 고객으로부터 신뢰를 받아야 한다고 말한다. 그렇다면 고객으로부터 신뢰를 얻기 위해 가장 중요한 것은 무엇일까? 앞서 소개한 것처럼 고객과 약속을 철저하게 지키고 고객과 고객의 수익을 최우선하는 자세가 필요하다. 또 어떤 이는 성실을 꼽기도 한다.

그런데 고객으로부터 신뢰를 받기 위한 또 다른 요소가 있다. 그것은 바로 전문성이다. 전문성이라고 하면 사람들은 대개 의사나 변호사, 컨설턴트 등 소위 전문직을 먼저 떠올린다. 그래서 대개의 영업인들은 자신이 어느 정도의 상품 지식만 갖추면 된다고 생각한다.

하지만 아무리 성실해도 전문성이 떨어지면 고객의 신뢰를 얻는 것은 거의 불가능하다. 이런 현상은 고도의 전문성을 요하는 분야일수록 더 심하다. 펀드와 보험, 파생상품과 같이 복잡한 상품을 취급해야 하는 금융업종이 대표적이다.

하루가 멀다 하고 복잡한 금융상품들이 쏟아져 나오기 때문에 이 분야에서 영업인들이 전문성을 갖추기란 매우 어렵다. 심지어는 펀드를 판매하는 금융사 창구의 영업인들 중에는 고객보다도 해당 상품에 대해 모르는 이들도 있고, 매매중개 수수료가 정확히 무언지도 모르는 이들도 있다고 한다.

이런 영업인들은 아무리 친절하고 성실해도 고객에게 신뢰를 얻기 어렵다. 이는 비단 금융 분야에만 한정된 이야기가 아니다. 거의 모든 산업에서 자신의 상품에 대해 잘 모르는 영업인들이 존재한다. 이런 현상이 심한 업종일수록, 보다 많은 전문 지식을 필요로 하는 업종일수록 세일즈의 기회가 더 많은 이유가 바로 여기에 있다.

따라서 모든 영업인은 자신이 파는 상품에 있어 최고 전문가가 돼야 한다. 자신이 파는 상품 분야에서 최고 전문가가 돼야 한다는 것을 모르는 사람은 없을 물론 것이다. 그런데도 대부분의 영업인들은 최고 전문가가 되지 못한다. 혹은 스스로는 전문가라고 자부하지만, 고객들에게는 인정받지 못하고 있는 현실이다.

그렇다면 그 이유는 무엇일까? 최고 전문가가 되겠다는 목표가 없는 데다 의지 또한 약해서다. '영업사원인데 상품에 대해서는 이 정도 지식만 있으면 돼'라는 사고가 근본적인 문제다.

여기서부터 세일즈의 성과는 차이가 나게 마련이다.

그렇다면 최고 전문가라는 명성을 얻으려면 어떻게 해야 할까? 다음과 같은 3가지 방법이 있다.

■ **최고 전문가라는 명성을 얻는 방법 3가지**

1. 특정 분야에 집중하라.
2. 특정 고객집단에 특화하라.
3. 고객들로부터 최고 전문가로 인정받아라.

먼저 특정 분야에 집중하는 방법이다. 금융업종의 예를 든다면 모든 금융상품에 대해 최고 전문가가 되는 것은 쉽지 않다. 절세 역시 마찬가지다. 따라서 모든 금융상품 분야에서 최고 전문가가 되기보다는 펀드나 채권 분야에서 최고 전문가가 되는 것이 효율적이다. 부동산업종을 예로 든다면 상가나 오피스 빌딩, 또는 토지 분야 등에서 한두 가지만 최고 전문가가 되는 것을 말한다.

고객에게 절세와 관련된 도움을 주기 위한 세무업종도 마찬가지다. 고객의 모든 세무문제에 대해 최고 전문가 수준의 솔루션을 제공하기는 무척 어렵다. 세법이 무척 복잡하고 자주 바뀌기 때문이다. 따라서 상속·증여세 분야, 또는 부동산과 관련된 세금 분야 등으로 범위를 좁혀 최고 전문가라는 명성을 얻는 접근법이 필요하다.

어떤 영업인은 이런 하소연을 하기도 한다. "나는 보험영업인인데, 고객의 절세문제에 대해서도 솔루션을 줘야 합니까?"라고 말이다. 이런 하소연에 필자는 다음과 같이 되묻고 싶다. "보험회사들에서 왜 영업인들을 LP Life Planner, FC Financial Consultant, FP Financial Planner, RC Risk Consultant 등으로 부르고 화장품 회사에서는 Beauty Consultant라는 명칭으로 부르는가?"라고 말이다.

이쯤되면 '나하고는 그다지 관계가 없군'이라고 생각하는 영업인들도 제법 있을 것이다. 맞는 말이다. 비교적 전문성을 요하지 않는 편의품을 파는 영업인들에게는 중요도가 조금 떨어질 수 있기 때문이다.

그렇다면 그런 영업인들은 어떤 스토리를 팔아야 할까? 최고 전문가라는 평가 대신, 자신의 이름 대신 닉네임으로 불리는 것이 방법일 수 있다. 그렇다면 고도의 전문성을 요하는 상품을 파는 영업인들에게는 이것이 해당되지 않는 것일까? 그렇지 않다. 뒤에 나올 대한생명의 판매왕 유현숙 매니저의 사례를 보면 말이다.

두 번째는 특정 고객집단에 특화하는 방법이다. 영업인이 자신의 모든 고객들로부터 최고 전문가로 인정받는 것은 쉽지 않다. 따라서 그럴 때는 자신이 집중할 목표고객 집단을 선정해 그 집단 내에서 최고 전문가로 인정받는 것이 효율적이다.

예를 들면, 목표고객 집단을 연예인, 스포츠 스타, 의사, 판사, 변호사 등으로 한정해 이들로부터 최고 전문가로 인정받는 방법이라고 할 수 있다. 시티은행과 신한은행의 연예인 전문 PB가 좋은 예라 할 수 있다. 미국에서는 야구 · 농구 · 미식축구 등의 스포츠 스타를 위한 전문 PB나 자동차 영업인들까지 있다고 한다.

세 번째는 고객들로부터 최고 전문가라고 인정받아야 한다는 것이다. FP 자격증이나 세무사 자격증, 박사학위 같은 것이 중요한 게 아니다. 가장 중요한 건 고객들이 당신을 최고 전문가라고 인정해야 한다. 그래야 그 명성을 듣고 고객이나 잠재고객이 스스로 당신을 찾아올 것이기 때문이다.

그렇다면 고객들로부터 최고 전문가라고 인정받기 위해서는 어떻게 해야 할까? 우선 고객을 만날 때마다 논리적이면서도 쉽게 설명할 수 있는 능력을 키워야 한다. 그리고 '솔루션을 팔아라'에서 언급한 것처럼 지속적으로 관련 정보를 보내주는 것도 좋다. 또한 칼럼을 쓰거나 책을 출간하거나 강연을 하는 방법도 있다. 이는 뒤에 올 '퍼스널 브랜드 파워'에서 언급할 것이다.

### 2_ 두 번째 이름, 닉네임

대한생명에서 2006년, 2009년, 2010년 세 차례에 걸쳐 판매왕을 차지한 영업달인이 있다. 종로지점 용산 영업소의 유현숙 매니저가 바로 그 주인공이다. 그녀가 기라성 같은 영업달인들을 제치고 대한생명에서 3회나 판매왕을 차지할 수 있었던 비결을 꼽으라면 두 가지를 들 수 있다. 첫 번째는 VVIP 고객군을 집중적으로 공략했다는 것이고, 다른 하나는 '동대문 시장의 재테크 선생님!'이란 닉네임으로 불리며 고객들로부터 전폭적인 신뢰를 받았다는 것이다.

그런데 재미있는 것은 뛰어난 영업달인들 중에는 유현숙 매니저처럼 자신의 이름보다 닉네임으로 불리는 경우가 많다는 것이다. 그들에게 있어 닉네임은 마치 훈장과도 같다. 이는 고객과 잠재고객들에게 자신이 어떻게 비춰지고 있는지를 가장 잘 나타내는 평판이기 때문이다. 다음은 유현숙 매니저의 사례다.

**동대문 시장의 재테크 선생님!**

유현숙 씨는 매일 새벽 1시 동대문 새벽시장으로 출근해 상인들을 상대로 보험뿐 아니라 주식, 부동산 등 각종 재테크 정보를 전달하며 영업을 하고 있다. 이런 노력 덕분에 "돈이 생기면 유현숙을 찾아라"라는 말이 생겼을 정도다. 그녀는 고객들에게 이러한 노력을 인정받아 '동대문 시장의 재테크 선생님'으로 불리고 있다.

유 매니저는 이런 노하우로 인해 2006년에 이어 2009년, 2010년에 3회씩이나 판매왕에 올랐다. 유 매니저는 2009년 한 해 동안 105건의 신규 계약을 유치했다. 3일에 한 건 꼴이다. 그가 올린 매출(수입보험료)은 60억 원. 보통 보험영업인 30여 명의 매출액에 해당한다. 2009년 보험시장이 전반적으로 하향세였던 점을 감안하면, 그의 실적은 더욱 놀랍다. 유 매니저의 연봉은 10억 원을 넘긴 지 오래다.

그녀는 매달 적게는 4~5명, 많게는 40여 명으로 구성된 각종 모임을 통해 VVIP 고객들과 지속적인 만남도 이어가고 있다. 모임에 머물지 않고 보험·재테크·부동산 등을 주제로 매년 2회 이상의 세미나도 열고 있다. 골프나 등산 뮤지컬 등을 소재로 한 문화 관련 모임도 개최해 고객들에게 큰 호응을 얻었다. 그리고 회사 내 재무 컨설팅 전문조직인 FA센터에 상주하고 있는 세무사와 부동산 전문가를 통해 고객에게 전문적 지식을 제공하기도 했다.

— 〈한국경제〉

다른 사람들과는 확실하게 다른 판매왕 유현숙 매니저만의 비결! 그것은 바로 재테크 선생님이라는 닉네임으로 불리는 것이었다. '재테크 선생님'이라는 그녀의 닉네임이 동대문 시장에 전파되는 한 기존고객으로부터의 추가적인 계약은 물론 그들의 소개를 통해 신규고객이 스스로 찾아오는 효과를 지속적으로 누릴 것이다.

그런데 고객들로부터 자신의 이름 대신 '노래하는 판매사원'이란 닉네임으로 불리는 영업인도 있다. 롯데백화점에서 안마의자를 파는 영업인 김종기 씨가 그 주인공이다. 그의 사례도 한 번 보도록 하자.

안락의자를 파는 노래하는 판매사원

롯데백화점 본점에서 일하는 김종기 씨는 백화점 내에서 '노래하는 판매사원'으로 불린다. 김 씨가 판매하는 상품은 안마의자다. 고객들이 안마의자에 앉아 있는 동안 김 씨는 가곡을 들려준다. 안마의자 매장에서 처음 일할 때부터 노래를 불렀다.

그는 "고객들이 10~15분 동안 의자에 앉아 있으면 지루할 것 같아 노래를 시작했다"고 말했다. 김 씨가 즐겨 부르는 노래는 '오 솔레미오', '그리운 금강산', '청산에 살리라' 등이다. 김 씨는 "고객에게 어떤 노래를 좋아하냐고 먼저 물어본다"며 "중장년층은 한국 가곡을 좋아하고 30대층은 이

태리 가곡을 선호한다"고 말했다.

고객 서비스를 위해 노래를 한다지만, 그 노래 덕분에 다른 고객들도 김 씨의 매장으로 몰린다. 즉석에서 10~20여 명의 관중들을 앞에 두고 노래를 하기도 한다. 그래서 매장에서 입을 턱시도까지 준비했다. 관객들에게 예의를 갖추기 위해서다.

그는 "고객들이 모이니까 장사도 잘 되기 시작했다"며 "안마의자에 앉아 노래를 들은 고객 중 3분의 1 정도가 물건을 구입한다"고 말했다.

– 〈중앙일보〉, 2005. 11.

김종기 씨의 1차적인 성공 이유는 가망고객들에 가곡을 들려줌으로써 심리적으로 빚진 상태로 만든 데 있다. "나를 위해서 저렇게 열심히 노래를 불러 주는구나"와 같은 심리를 갖기 때문에 3분의 1 정도가 안마 의자를 구입하는 것이다. '노래하는 판매사원'이라는 닉네임이 고객·가망고객들 사이에 더 멀리 퍼져 나갈수록 김종기 씨의 안마의자 판매량도 증가할 것이다.

자동차를 판매하는 영업인 중에도 닉네임으로 불리는 영업달인이 있다. 고객·가망고객들로부터 '철의 여인'이란 닉네임으로 불리며 13년 동안 674대의 트럭을 판매한 GM 대우자판의 박은화 차장이 그 주인공이다.

### 트럭을 파는 철의 여인

트럭 판매로 억대의 매출을 올리는 대우자판 박은화 차장(서울 강동 상용지점). 그런 박 차장의 트럭 판매 노하우가 2006년 2월 23일 KBS 2TV 〈무한지대Q〉에 소개돼 눈길을 끌었다. 방송에 따르면, 박 차장은 94년 9월부터 트럭 판매에만 몰두해 왔다. 여성으로 차체가 큰 트럭을 취급하기는 쉽지 않았을 터.

하지만 그런 점이 박 차장이 망설임 없이 트럭 판매에 나선 이유다. 그는 방송에서 "남들이 안하니까 또 남들이 어렵다고 하니까 시작했다"고 밝혔다. 입사 후 2005년까지 13년 동안 박 차장이 판매한 트럭은 674대, 한 해 매출만 50억 원이 넘은 적도 있다. 사무실 한 편에 걸려 있는 실적표에서 가장 높이 솟아 있는 그녀의 막대그래프를 위협할 동료는 없어 보였다.

그렇다면 그녀의 판매 비결은 무엇일까? 특별한 비결은 없어 보였다. 성실함과 부지런함, 여기에 끊임없이 자신을 채찍질하는 것이 박 차장의 유일한 무기였다.

그는 고객이 있는 곳이라면 어디든 간다. 차로 박 차장이 하루에 달리는 거리는 2,300km를 훌쩍 넘는다. 웬만한 택시기사보다 더 많이 달린단다. 최근 2년 동안 달린 거리가 무려 10만km가 넘었다. 여기다 차 안 곳곳에 붙어 있는 격려문구들은 일에 대한 그의 의지를 짐작케 했다. 그녀는 힘들거나 지칠 때마다 그 문구를 큰 소리로 외쳐댄다.

"보는 사람이 없잖아요. 혼자서 차 안에서 큰 소리로 외쳐요. 나는 할 수 있다."

또한 확실한 AS를 지원하는 것 또한 그녀의 몫이다. 때문에 AS업체는 그녀의 꼼꼼한 요구를 들어주느라 몸살을 앓을 지경. 업체 관계자는 그런 박 차장을 '철의 여인'이라고 불렀다.

— 〈KBS〉, 2006. 2.

방송에서는 성실함과 부지런함 외에는 특별한 비결이 없어 보인 다고 했다. 사실 어떤 업종에서든 박 차장처럼 열심히 세일즈를 하는 영업인들은 많다. 그렇다면 박 차장이 이런 탁월한 성과를 올릴 수 있었던 요인은 과연 무엇일까? 고객들로부터 '철의 여인'이라 불리는 것은 아닐까? 철의 여인이란 그녀의 닉네임이 고객·가망 고객들에 전파돼 그들로 하여금 호감을 갖게 만들고 결국엔 지갑을 열게 만들었던 것이다.

화장품업계에서도 닉네임의 효과를 보는 영업인들이 많다. 다음의 김영선 할머니처럼 말이다.

**마사지 손맛이 끝내주는 화장품 아줌마**

단정한 정장 차림에 높은 구두. 70대라기엔 너무 젊은 강영선(77) 할머니가 화장품 가방을 든 것은 1970년대. 남편의 사업 실패로 길바닥에 나앉을 처지가 되자 어쩔 수 없이 시작했지만, 마사지 일을 한 덕분에 4남매를 모두 대학에 보낼 수 있었다.

"첫 출근을 한 날을 아직도 잊을 수 없어요. 제가 내성적인 성격이어서 사람들에게 말도 제대로 못 붙이거든요. 초인종을 눌렀는데, 갑자기 개가 튀어나와서 제 팔뚝을 무는가 하면, 어떤 아주머니는 무안을 주면서 소금을 뿌리기도 했어요."

그 순간을 생각하면 아직도 가슴이 떨린다는 강 씨 할머니.

"당시 동동 구리모, 비타민 크림이 2~3백 원 하던 시절인데, 그것도 비싸다고 손님들이 구경만 할 뿐 사지를 않았죠. 그래서 그냥 마사지를 해준다고 해서 한 집에 5명에서 10명 정도 모아 경락 마사지와 메이크업을 해줬어요."

그러한 노력의 결과일까. 강 씨 할머니에게는 '마사지 손맛이 끝내주는 화장품 아줌마'라는 수식어가 붙었고, 입소문이 삽시간에 번지면서 수백 명의 고객이 생겼다.

– 〈부산 CBS〉, 2008. 1.

고객·가망고객들로부터 닉네임으로 불리는 효과가 예나 지금이나 변함이 없다는 것을 증명해 주는 사례라 하겠다. 사실 영업인이 팔아야 할 첫 번째 스토리는 자신의 분야에서 최고 전문가로 불리는 명성이어야 한다. 그러나 앞서 말했듯이 이는 쉽지 않은 일이다. 업계에서 최고가 된다는 게 말처럼 쉽지 않고 그런 영광은 언제나 소수만이 누릴 수 있는 특권이기 때문이다.

그러나 닉네임으로 불리는 것은 그다지 어렵지 않다. 지금까지 소개했던 사례들처럼 자신의 강점을 특화하면 누구라도 그렇게 불릴 수 있다. 그렇다고 해서 고객들로부터 아무 닉네임으로나 불려서는 안 된다. 세일즈 성과에 긍정적인 영향을 줄 그런 닉네임이어야 한다. 가령, '해결사', '동반자', '내 인생의 멘토', '집사', '도우미', '차 박사', '재정 주치의', '행복 전도사'와 같이 말이다.

점두영업을 하는 매장도 고객·가망고객들로부터 매장 고유의 이름 대신 닉네임으로 불리는 것이 좋다. 예를 들면 '대한은행 삼청동 지점', '한국전자 라이프 플라자 삼청동점'이라는 점포명 대신에 '우리 동네 재테크 사랑방', '대한민국에서 가장 친절한 가게', '고객을 진정 제일로 위하는 곳' 등으로 말이다.

그러나 고객들로부터 닉네임으로 불리는 것이 결코 우연히 이뤄지는 것은 아니다. 따라서 고객·가망고객들로부터 불렸으면 하는 닉네임의 콘셉트를 정한 후 전략적이고 지속적으로 실천해야만 고객·가망고객이 스스로 찾아오는 스토리텔링의 효과를 누릴 수 있다.

### 3_ 퍼스널 브랜드 파워

영업인이 고객에게 팔아야 할 세 번째 스토리는 자신의 이름, 즉 퍼스널 브랜드이다. 이는 영업인 자신의 이름을 널리 알려야 한다는 것을 의미한다. 특히 전문직종에 근무하는 영업인일수록 자신의 이름을 널리 알리는 것은 매우 중요하다.

퍼스널 브랜드를 팔아야 한다는 게 최고 전문가라는 명성을 얻는 것과 비슷한 게 아니냐는 생각을 가지는 이들도 있을 것이다. 그런데 얼핏 보면 비슷한 개념으로 여겨지겠지만, 그 방법에 있어서는 분명한 차이가 있다.

최고 전문가라는 명성을 얻는 방법은 자신이 홍보하지 않아도 고객·가망고객들 사이에 자연스럽게 자신의 명성이 전파되는데 반해, 퍼스널 브랜드를 판다는 것은 자신의 이름을 널리 알기기 위해 보다 적극적으로 홍보하는 방법이라 할 수 있다.

따라서 퍼스널 브랜드를 적극적으로 팔기 위해서는 다음과 같은 방법을 통해 자신의 퍼스널 브랜드 파워를 강화해야 한다.

■ 자신의 퍼스널 브랜드 파워를 강화하는 6가지 방법

1. 신문, 잡지, 온라인 카페 등에 칼럼을 기고하거나 전문가로써 상담을 하는 방법
2. 학회나 전문지 등에 논문을 발표하는 방법
3. 책을 출간하는 방법
4. 외부 교육기관이나 자신이 직접 기획한 세미나에서 강의를 하는 방법
5. 특정 분야의 진행자나 게스트로 방송 프로그램에 참여하는 방법
6. TV 프로그램이나 신문, 잡지 등에 자신이나 가게를 소개하는 방법

위 방법들은 저마다의 특성이 있다. 전문직 종사자일 경우에는 1, 2, 3, 4, 5번 항목을 활용하는 것이 좋다. 그렇다면 보험이나 자동차, 화장품, 정수기, 가전제품을 파는 영업인이나 음식점 등을 운영하는 자영업자는 어떻게 하는 것이 좋을까? 5, 6번 항목을 활용하는 것이 바람직하다. TV 프로그램이나 주요 신문에 맛집으로 소개된다든지, 〈인간극장〉이나 〈VJ특공대〉, 〈생활의 달인〉 같은 휴먼 다큐멘터리 프로그램에 자신이 소개되도록 하는 방법을 말한다.

어떤 영업인들은 아주 어려운 방법이라고 생각할 수도 있다. 'TV 프로그램에 나가고 싶지 않은 사람이 어디 있겠느냐', '나처럼 글 솜씨, 말 솜씨가 없는 사람이 어떻게 칼럼을 쓰고 책을 쓰고 강연을 한단 말이냐?'라면서 말이다.

그러나 당신 주변의 앞서가는 사람들을 한 번 보라. 그들은 위와 같은 방법으로 자신의 브랜드 파워를 키우기 위해 매일 한 걸음씩

나아가고 있다. 당신이 아직 그런 기회를 만들지 못한 것은 그런 목표조차 갖고 있지 않아서다. 당신도 목표를 세우고 노력하면 얼마든지 가능하다.

따라서 이제부터는 다음과 같은 또 다른 목표를 가져야 한다. "앞으로 1년 내에 책을 한 권 출간하겠다. 그러기 위해서 매주 A4 2~3장 정도의 칼럼을 쓰겠다", "3년 안에 TV의 휴먼 다큐멘터리 프로그램에 영업달인으로 출연하겠다. 그러기 위해서……"와 같은 목표를 말이다.

처음 며칠, 또는 몇 주간은 이런 목표를 위해 내닫는 한 걸음의 차이가 크지 않을 수도 있다. 하지만 몇 달이 지나고 1년, 그리고 몇 년이 지나면 당신의 이름, 즉 퍼스널 브랜드는 점점 더 많은 고객·가망고객들 사이로 퍼져 나갈 것이다.

그러니 이제부터 당신도 매일 한 걸음씩 내딛기 바란다. 당신의 브랜드 파워를 키우기 위해서 말이다.

# 09_ 네 안에 감성 세일즈 DNA를 이식시켜라

E M O T I O N A L
S　　A　　L　　E　　S

01 이식시켜야 할 감성 세일즈 DNA 7가지
02 감성 세일즈 DNA를 이식시키는 방법과 활용법
　1_ 감성 세일즈 DNA를 측정하라
　2_ 감성 세일즈 DNA 측정 결과가 주는 시사점과 활용법
03 이식시켜야 할 가장 중요한 감성 세일즈 DNA

# 이식시켜야 할
# 감성 세일즈 DNA 7가지

영업달인들은 보통의 영업인들과는 분명 다른 DNA를 갖고 있다. 물론 이성에 호소해 탁월한 능력을 발휘하는 영업달인들도 있다. 상품의 특·장점과 편익 등을 논리적으로 프레젠테이션을 하거나 설득 및 협상 능력이 탁월한 영업달인들 또한 분명히 존재한다.

그러나 프레젠테이션이나 협상의 고수 중에는 감성적 속성으로 고객을 설득하는 이들이 굉장히 많다. 대부분의 영업달인이 감성 세일즈의 달인이라 할 수 있는 이유가 거기에 있다.

21세기는 바야흐로 감성 세일즈의 전성시대라 해도 과언이 아니다. 따라서 이제 모든 영업인들은 자신의 세일즈 패러다임을 바꿔야 한다. 자신 안에 잠재돼 있는 감성 세일즈의 DNA를 개발하든지 새롭게 이식해야 한다. 바로 다음과 같은 7가지를 말이다.

■ 감성 세일즈 DNA 7가지

1. 호감을 주는 DNA

2. 열정의 DNA

3. 신뢰받는 DNA

4. 가치를 파는 DNA

5. 솔루션을 파는 DNA

6. 특별한 경험을 파는 DNA

7. 스토리를 파는 DNA

필자는 지금까지 이에 대해서 이야기를 해왔다. 그래서 이를 토대로 당신이 스스로 그 DNA를 제대로 이식했는지 확인할 수 있는 방법을 소개하겠다. 이것을 스스로 확인하면서 당신은 자신의 강점과 단점을 거울에 비춰 보는 기회가 될 것이다.

그러니 허심탄회하게 체크를 하기를 바라고, 아울러 자신의 장점과 단점을 파악해 장점은 더욱 강화시키며, 단점은 보완해 감성세일즈의 달인으로 나아가기를 바란다.

# 감성 세일즈 DNA를
# 이식시키는 방법과 활용법

## 1_ 감성 세일즈 DNA를 측정하라

이제 당신은 어떤 감성 세일즈의 DNA를 갖고 있는지, 감성 세일즈 역량은 어느 정도인지 측정해야 할 차례다. 아래의 평가 항목 중 어디에 해당하는지 다음과 같이 스스로 점수를 매기기 바란다.

- **매우 그렇다**(5)
- **그렇다**(4)
- **보통**(3)
- **그렇지 않다**(2)
- **전혀 그렇지 않다**(1 또는 0)

| 번호 | 평가문항 | 점수 |
|---|---|---|
| 1 | 나는 항상 밝은 미소로 친절하게 고객을 대하며 정중하게 인사한다. | |
| 2 | 언제나 고객의 말을 경청하며 고객별로 대화 소재를 사전에 준비한다. | |
| 3 | 대화를 할 때 고객을 즐겁게 하는 유머 감각이 있다. | |
| 4 | 주변에서 나를 고객 칭찬의 달인이라고 부른다. | |
| 5 | 현재의 세일즈 업무에 자부심을 갖고 있다. | |
| 6 | 고객과의 약속은 반드시 지킨다. | |
| 7 | 고객 유형별 감성 설득 매뉴얼이 있으며 지속적으로 업그레이드 한다. | |
| 8 | 나에게 확실히 대우받고 있다는 생각을 하는 고객이 많다. | |
| 9 | DM, 문자 메시지를 보낼 때에도 항상 1:1 맞춤 형태를 취한다. | |
| 10 | 다양한 커뮤니티를 통해 인맥을 만들고 있고, 열정적으로 어울린다. | |
| 11 | 세미나, 연구회, 정보제공 등을 통해 솔루션을 고객에게 제공한다. | |
| 12 | 어떤 것이든 고객에게 먼저 주어 빚진 상태로 만든 후에 접근한다. | |
| 13 | 즐거움, 감동, 추억, 향수, 놀라움 등 특별한 경험을 제공하고 있다. | |
| 14 | 고객과 고객 주변 사람의 기념일을 잘 챙기고 이벤트도 개최한다. | |
| 15 | 고객·가망고객의 경조사는 빠지지 않고 챙긴다. | |
| 16 | 최고 전문가라는 나의 명성을 듣고 고객이 스스로 찾아온다. | |
| 17 | 나를 해결사나 집사, 박사와 같은 닉네임으로 부르는 고객이 많다. | |
| 18 | 저술, 강연, 칼럼 등을 통해 고객이 스스로 나를 찾아오는 경우가 많다. | |
| 19 | 고객이 주변에 나를 추천해 가망고객이 스스로 찾아오는 경우가 많다. | |
| 20 | 고객의 프로필은 물론, 니즈 등 핵심 정보를 지속적으로 파악하고 있다. | |

## 2_ 감성 세일즈 DNA 측정 결과가 주는 시사점과 활용법

자가 측정 결과를 분석하는 방법은 다음과 같다. 위의 점수를 합산하여 당신이 어느 점수대에 있는지 확인해 보라.

· **90점 이상:** 당신은 이미 최고의 감성 세일즈 달인이다.

- **80점 이상:** 감성 세일즈 달인일 가능성이 높다.
- **70~79점:** 비교적 우수한 감성 세일즈 역량을 가지고 있다.
- **50~69점:** 보통 수준의 감성 세일즈 역량을 가지고 있다.
- **40~49점:** 몇 가지 부분에 있어서만 감성 세일즈 역량을 가지고 있다.
- **39점 이하:** 분발이 요구되는 사람이다.

물론, 사람에 따라서 다른 결과가 나올 수도 있다. 감성 세일즈 역량이 뛰어난 영업인의 경우라도 자신의 평가 결과가 낮게 나올 수도 있다. 평가 항목들이 정성적인 기준으로 구성돼 있는 데다 자신에게 후한 사람도 있고 그렇지 않은 사람도 있기 때문이다. 가장 객관적으로 평가하는 방법은 전문가의 평가를 받는 것이다. 당신의 동료나 선·후배들로부터 평가를 받는 것도 대안이 될 수 있다.

평가 결과, 당신의 감성 세일즈 DNA 평가 점수는 몇 점인가? 점수가 너무 낮게 나왔는가? 그렇다 하더라도 너무 낙심하지 마라. 20개 항목 모두를 잘해야만 감성 세일즈의 달인이 되는 것은 아니다. 다양한 업종의 영업달인들 역시 20개 항목 모두를 잘하는 사람은 거의 없다. 신은 인간에게 모든 것을 잘할 수 있도록 재능을 부여하지 않았다.

그렇다면 감성 세일즈의 달인이 되기 위해서는 어떻게 하면 될까? 여기서 먼저 고려해야 할 것이 있다. 20개 평가 항목이 앞서 소개했던 '이식시켜야 할 감성 세일즈 DNA 7가지'와 연관성이 높다는 것이다.

평가 항목 1~4번은 호감을 파는 DNA, 5번은 열정을 파는 DNA,

6번은 신뢰를 파는 DNA, 7~10번은 가치를 파는 DNA, 11~12번은 솔루션을 파는 DNA, 13~15번은 특별한 경험을 파는 DNA, 16~19번은 스토리를 파는 DNA와 관련이 깊다. 그리고 20번은 고객의 마음을 열기 위해 공통적으로 필요한 항목이다.

여기서 당신 안에 이식해야 할 감성 세일즈 DNA는 크게 두 개의 그룹으로 분류할 수 있다. 호감, 열정, 신뢰는 감성 세일즈 달인이 되기 위해 영업인으로써 가져야 할 태도·마인드와 관련된 DNA이고 가치, 솔루션, 특별한 경험, 스토리는 감성 세일즈 스킬과 관련된 DNA라고 할 수 있다.

따라서 감성 세일즈의 달인이 되기 위해서는 두 가지 어프로치가 필요하다. 하나는 영업인의 태도·마인드와 관련된 DNA, 즉 1~6번과 20번 항목에서는 무조건 높은 평점을 받아야 한다는 것이다. 국내외 대부분의 감성 세일즈 달인들의 공통점도 1~6번과 20번 항목에서 높은 평점을 받는다.

만약 당신 역시 이 항목에서 35점 만점에 30점 이상의 높은 평점을 얻었다면, 이미 감성 세일즈의 달인이라는 경지에 올랐거나 오를 가능성이 높다.

다른 하나는 감성 세일즈 스킬과 관련된 속성, 즉 가치, 솔루션, 특별한 경험, 스토리와 관련된 DNA 평가 항목에서 반드시 높은 평점을 받아야만 하는 것은 아니라는 것이다. 물론 이와 관련된 13개의 세부 항목에서 높은 평점을 얻을수록 좋다.

하지만 그런 영업인은 거의 없다. 감성 세일즈의 달인들 역시 한두 가지 DNA 속성에서 탁월한 역량을 갖고 있는 경우가 대부분이다. 따라서 자신이 가장 잘할 수 있는 DNA, 즉 자신 안에 잠재돼 있는 감성 세일즈 스킬 관련 DNA를 중심으로 최고가 되려고 노력하는 것이 좋다.

사교적이고 사람들과 어울리는 걸 좋아하는 성향의 영업인은 10번 항목을, 내성적이고 사람들과 어울리기를 그다지 좋아하지 않는 성향의 영업인은 11~12번 항목이나 13~15번 항목 중 한두 가지, 또는 16~19번 항목 중 한 가지만을 아주 잘해도 세일즈 성과를 높이는 데 도움이 된다. 물론 반드시 그렇게 해야만 할 필요는 없다.

예를 들면, 내성적이고 사람들과 어울리기를 싫어하는 성향의 영업인도 자신을 사교적이고 어울리기를 좋아하는 성격으로 완전 개조하는 것, 즉 새로운 감성 세일즈 DNA를 자신 안에 이식시키는 방식으로 세일즈 성과를 높일 수 있다.

이제 자신의 평가 점수를 다른 관점에서 분석해 보자. 앞서 설명한 '이식시켜야 할 7가지 감성 세일즈 DNA' 중에서 영업인으로서의 태도·마인드와 관련된 1~6번과 20번 항목의 자기 평가 점수를 합산해 보기 바란다. 35점 만점 중 25점 이하의 평점을 받은 영업인들은 크게 분발해야 한다. 태도·마인드와 관련된 감성 세일즈 DNA를 이식시키지 않고 세일즈 활동을 계속해 간다면 언젠가는 도태되거나 그저 그런 영업인으로 머무를 수밖에 없을 것이다.

이번에는 기업이나 영업본부, 지점 등의 영업조직 단위에서 영업력을 강화하기 위해 감성 세일즈 DNA를 활용하는 방법에 대해 알아보도록 하자.

영업조직 단위에서 영업력을 강화하는 가장 좋은 방법은 무엇일까? 영업인들의 마인드와 태도를 도전적이고 신념과 열정이 넘치도록 만들고 세일즈 프로세스를 재구축하고 상담 스킬과 프레젠테이션 스킬을 향상시키고 협상 스킬을 강화하며 확실한 동기 부여 시스템을 구축하는 것일까? 이를 위해 교육과 훈련을 강화하고 세일즈 매뉴얼을 만드는 것일까?

물론 모두 맞는 말이다. 그러나 가장 중요한 것 하나를 꼽으라면 필자는 리쿠르팅, 즉 채용을 잘해야 한다고 말한다. 영업력이 강한 기업일수록 영업달인이 많다는 공통점이 있다. 필자가 지난 20여 년간 수많은 기업의 영업력 강화를 위한 컨설팅과 교육을 통해 내린 결론이다.

그렇다면 이런 기업들은 어떻게 해서 영업달인이 많은 것일까? 체계적인 교육을 통해서 양성된 것일까? 물론 그렇다고 할 수 있다. 하지만 영업달인이 될 소양을 갖춘 사람, 즉 감성 세일즈 DNA를 갖춘 사람을 잘 뽑는 역량이 더 큰 영향을 미쳤다고 할 수 있다. 이처럼 영업력이 탁월한 영업달인을 많이 보유하는 것은 교육훈련을 통한 육성보다 채용이 더 중요하다.

그런데도 대부분의 기업에서 영업인을 채용할 때, 그 사람이 미래에 영업달인이 될 가능성이 있는지 어떤지는 잘 보지 않는다. 영업인을 외부에서 채용할 때내부에서 선발할 경우에도 마찬가지임 얼마나 적극적이고 진취적인지 세일즈 경험이 있는지 여부 등에 대해서만 평가하는 기업들이 많다.

이제부터는 영업인을 채용하거나 선발할 때, 감성 세일즈 DNA를 반드시 측정하라고 권하고 싶다. 내성적이고 비사교적인 성향의 사람이라도 얼마든지 영업달인이 될 가능성이 높기 때문이다.

그렇다면 어떻게 활용하면 좋을까? 영업인을 채용하거나 선발할 때, 20가지 평가항목별로 자신이 잘할 수 있는 DNA 항목에 대해 기술하고, 왜 그런지와 전 직장이나 인턴으로 활동했을 때 적용했던 경험 등에 대해 기술하고 설명을 듣는 방식으로 활용할 수 있을 것이다.

세일즈 성과를 높이기 위해서는 일당백의 영업인을 확보하는 것이 가장 중요하다. 다시 한 번 강조하지만 일당백의 능력을 발휘할 영업인을 만드는 가장 좋은 방법은 채용이다. 이미 일당백의 세일즈 역량을 갖춘 사람인지, 그런 역량을 발휘할 가능성이 큰 사람인지 아닌지를 판단하는 면접 툴로 감성 세일즈 DNA 측정 모델을 유용하게 활용해 보기 바란다.

# 이식시켜야 할 가장 중요한
# 감성 세일즈 DNA

보통 영업인과 영업달인을 가르는 가장 큰 차이점 하나를 꼽는다면 그건 바로 실행력이다. 보통 영업인들은 목표를 정하고 결심도 하고 계획도 자주 세우지만 제대로 실행하지 않는다. 물론 실행하지 못하는 나름대로의 이유들이 있을 것이다.

그러나 영업달인들은 자신이 계획한 바를 꾸준하게 실행한다. 앞서 소개했던 2007년 교보생명 판매왕인 서대문 월드지점의 지연숙 FP와 2007년 미래에셋생명 판매왕인 드림지점 오기철 FC 역시 마찬가지다. 1,000여 명의 고객들에게 유익한 정보가 담긴 편지를 보내고 매일 2~3명의 고객에게 자필로 편지를 써서 보내는 정성과 노력이 있었기에 판매왕 타이틀을 차지할 수 있었던 것이다.

물론 실행의 중요성을 모르는 영업인은 아무도 없을 것이다. 그런데도 실행하지 않는 영업인들은 많다. 왜 그런 것일까?

첫 번째는 게으르기 때문이다. 박지성 선수의 오늘을 있게 만든 요인 중 하나도 쉬지 않고 훈련하는 것이었다. 박 선수도 훈련이 계속되고 몸이 피곤해지면 '하루쯤 쉬면 안 될까' 하는 생각이 들곤 했다고 한다. 하지만 그는 그날 해야 할 훈련을 절대로 다음 날로 미루지 않았다고 한다. 하루를 쉬면 그만큼 다음 날 해야 할 훈련이 많아지기 때문이라고 한다.

그러나 대부분의 영업인들은 '오늘은 피곤하니', '스트레스를 받으니', '마음이 울적하니'와 같은 이유로 오늘 할 일을 내일로 미룬다. 그러다 결국은 하지 않는다. 그러나 영업달인들은 다르다. 자동차 누적판매 5,000대를 눈앞에 두고 있는 자동차 판매의 영업달인 박노진 대표는 실행의 중요성을 이렇게 강조한다.

"내일보다 오늘이 최우선이다. 하루하루를 마지막 같이 살아야 성공한다. 오늘 못한 일을 내일하면 된다고 생각하지 말라. 내일은 결국 오늘의 내일일 뿐이다. 오늘 하려고 했던 일은 반드시 오늘 끝내야만 성공의 문에 빨리 다가설 수 있다."

박지성 선수와 너무도 똑같은 말이지 않은가? 이처럼 각 분야의 달인의 경지에 오른 사람들은 어떤 힘든 일이 있더라도 자신이 해야 할 일들을 미루지 않고 실행한다.

두 번째 이유는 쉽게 포기하기 때문이다. 누구나 고객에게 거절을 당한다. 한두 번의 거절에서야 좌절하지 않겠지만, 그 횟수가 증가하면 점점 좌절하면서 결국은 포기해 버린다. 이렇게 한두 번의 거절에 쉽게 포기하는 영업인이 과연 고객에게 자필편지를 보내는 일, 매주 정보를 보내는 일 등을 포기하지 않고 꾸준하게 할 수 있을까?

사실 영업달인들과 이야기를 나누다 보면 의외의 사실을 발견하곤 한다. 그들 중에는 정말 특별한 세일즈 비결이라고 할 만한 것을 가지고 있지 않은 이들도 있다. 그들은 제안서를 화려하게 잘 만들거나 말을 현란하게 잘 하지는 못하지만, 고객의 신뢰를 얻기 위해 그저 정직하게 포기하지 않고 열심히 노력한다. 다른 건 몰라도 그들이 꼭 가지고 있는 것이 실행의 DNA인 것이다.

대한민국이 낳은 최고의 경영인 중 하나로 손꼽히는 고 정주영 회장의 DNA 역시 실행하는 것이었다. 그는 생전에 주변 사람들에게 "이봐 해봤어?"라는 질문을 자주 던졌다고 한다. 이런 질문에 "네, 해봤습니다. 하지만……"이라고 대답하는 사람들에게 정 회장은 뭐라고 말했을까? "될 때까지 해봤어?"라고 되물었다고 한다.

이처럼 실행의 DNA만이 당신을 감성 세일즈의 달인으로 만들 수 있다. 그러니 지금 즉시 자신 안에 다음과 같은 실행의 DNA를 이식시키기 바란다. 그렇다면 실행의 DNA를 이식시키려면 어떻게 해야 할까? 다음과 같은 3가지를 실천하면 된다.

■ **실행 DNA 이식 방법 3가지**

1. 즉시 한다.
2. 될 때까지 한다.
3. 목숨 걸고 한다.

거창하게 계획을 세우고 내일부터 본격적으로 하겠다는 생각은 버려라. 지금 당장 실천할 작고 사소한 것부터 적어라. 그리고 실행하라. 그런 다음 당신의 몸 어딘가에 습관의 근육이 생길 때까지 실천하라. 어떤 결과든 실행했을 때에만 나오게 마련이다.

이렇게 강조해도 제대로 실행하지 못하는 작심삼일형 영업인들을 위해 빌 게이츠가 세계 제일의 부자가 된 비결을 소개한다. 어느 기자가 빌 게이츠에게 다음과 같이 물었다.

"세계 제일의 부자가 된 비결은 무엇입니까?"

빌 게이츠의 대답은 간단명료했다.

"저는 매일매일 간단한 명상을 합니다. 하나는 '오늘은 왠지 큰 행운이 나에게 있을 것이다'라는 것이고, 또 다른 하나는 '나는 뭐든지 할 수 있다'라는 것입니다."

이제 세계 제일의 영업인이 될 수 있는 비결을 소개하겠다. 매일, 매주 당신에게 다음과 같은 질문을 던져라.

■ **세계 제일의 영업인이 되기 위한 1분 명상법!**

1. 나는 오늘 고객·가망고객들을 빚진 상태로 만들었는가?
2. 그들과 열정적으로 어울렸는가?
3. 그들이 주변 사람과 함께 스스로 나를 찾아오도록 만들었는가?

매일, 매주 이 세 가지 질문을 업무 마감 전에 눈을 감고 당신 자신에게 던져 보라. 이런 1분 명상법은 아무리 의지가 약한 사람이라도 중단하지 않고 할 수 있게 만든다. 변화하기 위해 가장 좋은 방법은 끊임없이 자기 자신에게 자극을 주는 것이다.

하루, 한 주도 거르지 않고 자신의 세일즈 활동에 대해 스스로에게 질문을 던지고 자극을 받는다면, 틀림없이 당신도 세계 제일의 영업인이 될 수 있을 것이다.